Präsentieren und Überzeugen
Das Kienbaum-Trainingskonzept

Bibliographische Information Der Deutschen Bibliothek

Die Deutsche Bibliothek verzeichnet diese Publikation in der Deutschen Nationalbibliographie; detaillierte bibliographische Daten sind im Internet über http://dnb.ddb.de abrufbar.

ISBN 3-448-05649-9 Best.-Nr. 00801-0001

Postanschrift: Postfach, 82142 Planegg
Hausanschrift: Fraunhoferstraße 5, 82152 Planegg
Tel. (0 89) 8 95 17-0, Telefax (0 89) 8 95 17-2 50
E-Mail: online@haufe.de, Internet: http://www.haufe.de
Redaktion: Dipl.-Kffr. Kathrin Menzel-Salpietro
Lektorat: Textbüro Nöllke, 81669 München

Desktop-Publishing: Agentur: Satz & Zeichen, Karin Lochmann, 83119 Obing
Umschlaggestaltung: Atelier Höpfner-Thoma, 81679 München
Druck: Bosch-Druck GmbH, 84030 Ergolding

Zur Herstellung der Bücher wird nur alterungsbeständiges Papier verwendet.

Präsentieren und Überzeugen

Das Kienbaum-Trainingskonzept

von
Carolin Grünig
und
Gregor Mielke

1. Auflage

Haufe
Freiburg · Berlin · München · Zürich

Inhaltsverzeichnis

Unser herzlicher Dank gilt

- Christian Klie, Physiotherapeut, für die fachkundige Unterstützung beim Thema Körperhaltung,
- Annette Fink und Henriette-Muriel Müller für die Tipps und Hinweise zu den Themen Vorbereiten bzw. Scheitern lassen einer Präsentation,
- Anne Wachtel und Klaudija Tomas für die organisatorische Unterstützung,
- Monika Friedrich und Erwin Grünig für die Kinderbetreuung,
- Lutz Grünig für seine tolle moralische Unterstützung und
- Ute Doepner für ihre Unterstützung und ihre tapfere und warme Nachsicht.

Vorwort

Etwas präsentieren zu dürfen ist eine Chance, die Sie sich nicht entgehen lassen sollten. Sie können anderen zeigen, was in Ihnen steckt. Sie dürfen Ihre Überzeugungskraft unter Beweis stellen. Sie werden die Gelegenheit haben, Ihren Charme und Ihre Ausstrahlung sprühen zu lassen. Und Sie werden das gute Gefühl genießen, Ihr Publikum überzeugt zu haben. „Ja, das klingt gut," sagen Sie jetzt, „aber was passiert, wenn ich all das nicht schaffe?"

Wenn Sie noch niemals etwas präsentiert haben oder sich in der Kunst der Präsentation noch unsicher fühlen, dann ist dieser Kienbaum-Ratgeber der richtige für Sie. Profitieren Sie von den Erfahrungen zweier Trainer, die selbst zahlreiche Präsentationen durchgeführt haben und andere diese Kunst lehren. Wir wissen, mit welchen Problemen gerade Einsteiger konfrontiert sind. Mit praktischen Übungen und Checklisten sowie an Fallbeispielen zeigen wir Ihnen, wie Sie das Beste aus Ihrem Thema – und sich! - machen.

Im ersten Kapitel beschäftigen wir uns mit der Frage, was Sie mit Ihrer Präsentation erreichen wollen. Sie lernen Ihr Ziel zu formulieren, Ihr Material zu strukturieren, Ihren Vortrag gut zu gliedern und sich auf die Rahmenbedingungen vorzubereiten.

Aller Anfang ist schwer – deshalb widmen wir uns im zweiten Kapitel dem Start Ihrer Präsentation. Sie lernen, worauf Sie in der Einleitung achten müssen und wie Sie die Aufmerksamkeit Ihres Publikums vom ersten Moment an fesseln.

Im dritten Kapitel beschäftigen wir uns mit dem Herzstück Ihres Vortrags, dem Hauptteil. Wir sagen Ihnen, wie Sie eine wasserdichte Argumentation aufbauen, die außerdem noch überzeugend wirkt.

Was braucht man für einen guten Schluss? Um diese Frage geht es im vierten Kapitel. Schließlich müssen Sie wissen, wie man es am Ende noch einmal so richtig „knallen" lässt. Denn nicht nur der erste, auch der letzte Eindruck ist wichtig!

Im fünften Kapitel beschäftigen wir uns mit der Auswahl der geeigneten Medien und ihrer Handhabung. Sie erfahren außerdem, wie Sie technische Katastrophen vermeiden.

Im sechsten Kapitel kümmern wir uns endlich um Sie: den Präsentator. Wir erklären, welche Aspekte Ihre persönliche Wirkung ausmachen und wie Sie diese konkret verbessern können. Sie erhalten Tipps zu Mimik, Gestik, Blickkontakt und Sprache. Und ganz wichtig: Wir sagen Ihnen, wie Sie Ihr Lampenfieber in den Griff bekommen.

Wie Sie sich gegen provokante Fragen und Störungen wehren können, lernen Sie in Kapitel sieben. Sie erfahren auch, welche Typen von Störern es gibt und wie man sie zum Schweigen bringt bzw. zur konstruktiven Mitarbeit motiviert.

Das achte und letzte Kapitel ist als humorvolle Warnung gedacht. Unter dem Titel „Wie Sie eine Präsentation garantiert zum Scheitern bringen" sagen wir Ihnen, welche Fehler Sie unbedingt bei Ihren zukünftigen Präsentationen vermeiden sollten.

Für alle Punkte, die in diesem Buch behandelt werden, gibt es eine Maxime, ein gemeinsames Ziel: Wählen Sie nur das aus, was zu Ihnen passt. Finden Sie Ihren eigenen Stil. „Authentizität" ist inzwischen ein weit verbreitetes Schlagwort geworden, aber es trifft unsere Absicht: Verbessern Sie Ihre Präsentationstechnik, aber bleiben Sie dabei ganz Sie selbst. Dann werden Sie beim Präsentieren erfolgreich sein!

Viel Spaß beim Lesen wünschen Ihnen

Carolin Grünig und Gregor Mielke

Das gehört zu einer guten Vorbereitung

Carola Müller sitzt frustriert im Büro ihres Kollegen Manfred Berger. Gerade sind die beiden Abteilungsleiter von einer Besprechung mit ihrem Chef und einigen Kollegen zurückgekommen. Carola Müller kann es immer noch nicht fassen. Sie präsentierte einen Vorschlag zur Restrukturierung des Bereichs Vertrieb – und konnte niemanden begeistern. Ihr Kollege Uwe Hofer hat sich mit seinem Vorschlag durchgesetzt. „Dabei muss doch jedem klar sein, dass es zu einer Unmenge neuer Schnittstellen kommen wird, die bei meinem Vorschlag vermieden worden wären.“ Manfred Berger kann seiner Kollegin nur zustimmen. Auch er ist davon überzeugt, dass Carola Müllers Konzept mittelfristig das bessere wäre. „Aber du musst schon einsehen, dass Uwe einfach überzeugender war!“ Carola Müller schaut ihren Kollegen fragend an: „Was hätte ich denn anders machen sollen?“

„Ich hatte das Gefühl, dass es dir gar nicht richtig wichtig war, unseren Chef von deiner Idee zu überzeugen! Irgendwie wirktest du so unbeteiligt. Was hast du dir eigentlich vor deiner Präsentation vorgenommen? Wolltest du nur informieren oder auch eine Entscheidung herbeiführen?“ Manfred Berger ist sichtlich unwohl dabei, seiner Kollegin diese Kritik direkt ins Gesicht zu sagen. „Es tut mir leid, wenn ich dir zu nahe trete, aber das war nun mal mein Eindruck. Und der Chef schaute auch immer etwas irritiert.“ Carola Müller ist überrascht: „Aber natürlich wollte ich Herrn Reinhardt überzeugen, meinem Vorschlag zu folgen. Das muss ich mir doch nicht erst als Ziel setzen, das ist doch logisch. Darum geht es doch immer, oder nicht?“ „Aber du hast einfach nur deine Idee in den Raum gestellt. Deshalb ist die Qualität auch nicht angekommen.“ Carola Müller versteht gar nichts mehr. Wo ist denn da der Unterschied, denkt sie sich auf dem Weg in ihr Büro. Dort schaut sie sich noch einmal ihre Präsentationsunterlagen an. „Mhm, irgendwie fehlt was. Aber was? Ich habe doch alle wesentlichen Informationen zusammengestellt und meine Folien sind doch sehr übersichtlich und klar. Warum konnte ich dennoch nicht überzeugen?“ Immer wieder blättert Carola Müller die Unterlagen durch, aber sie findet den Fehler nicht. Beim Mittagessen in der Kantine berichtet sie ihrer Kollegin und Freun-

din Irmgard Goldschmidt von ihrem morgendlichen Misserfolg. Und die stellt ihr nur eine Frage: „Hast du denn deutlich gemacht, welche Vorteile mit deinem Ansatz verbunden sind?“

Carola Müller ist der Ansicht, dass das Ziel ihrer Präsentation offensichtlich ist. Doch sie irrt. Sie hätte transparent machen müssen, welches Ziel sie mit ihrer Präsentation verfolgt. Denn nur wer ein Ziel hat, kann Inhalt und Stil darauf ausrichten und hinterher seinen Erfolg messen.

Formulieren Sie Ihr Ziel

Bevor Sie mit der Ausarbeitung Ihrer Präsentation beginnen, verschaffen Sie sich also erst einmal Klarheit über das, was Sie erreichen wollen. Welche Ziele könnte Ihre Präsentationen haben?

Ziele einer Präsentation

- Informieren
- Lehren
- Überzeugen
- Entscheidungen treffen
- Verkaufen

Wollen Sie informieren?

Ist „Informieren“ das Ziel einer Präsentation, geht es darum, dass die Zuhörer den Inhalt der Präsentation inhaltlich verstehen und sich zu einem späteren Zeitpunkt daran erinnern können. Es handelt sich meist um Inhalte, die keiner umfangreicheren Erläuterungen bedürfen, z. B. um eine neue Vorgehensweise, einen neuen Prozess oder einen Projektstatusbericht, der die nicht direkt am Projekt beteiligten Mitarbeiter informieren soll.

Nicht jeder Zuhörer weiß gleichermaßen Bescheid über ein Thema, so dass Sie jeden bei seinem Wissensstand „abholen" müssen. Meist bleibt es in diesem Fall nicht bei einer mündlichen Präsentation. Damit die Zuhörer die Inhalte besser behalten, werden auch Informationsmaterialien ausgehändigt. Geht es in einer Präsentation lediglich um die Information der Zuhörer, ist meist nur mit Verständnisfragen zu rechnen, weniger mit Fragen nach dem Sinn oder Ziel, das verfolgt wird.

Wie informiere ich richtig?

Bereiten Sie die Informationen so einfach und verständlich wie möglich auf!

Beginnen Sie auf einem gemeinsamen Wissensstand aller Zuhörer!

Rechnen Sie mit Verständnisfragen!

Händigen Sie kurze und nachvollziehbare Informationen aus!

Wollen Sie anderen etwas beibringen?

Wollen Sie hingegen mit Ihrer Präsentation erreichen, dass die Zuhörer etwas lernen, so müssen Sie sich weitergehende Gedanken um die Aufbereitung des Inhaltes machen. Häufig handelt es sich in diesem Fall um komplexere Inhalte, zumindest für die Zuhörer. Also fragen Sie sich nicht nur, wie Sie die wichtigen Inhalte möglichst klar vermitteln, sondern auch, wie Sie das Verstehen bei den Zuhörern sichern und vertiefen. Bei solchen Präsentationen ist auch mit deutlich mehr und tiefer gehenden Fragen und Problemen zu rechnen. Es wird in den meisten Situationen nötig sein, Inhalte umfassend darzustellen und Hintergründe und Zusammenhänge deutlicher zu machen. Auch die aktive Einbindung der Zuhörer spielt bei der „lehrenden" Präsentation eine wichtige Rolle.

Wie lehre ich richtig?

Bereiten Sie die Inhalte so einfach und verständlich wie möglich auf!

Sorgen Sie dafür, dass die Zuhörer sich vertieft mit den neuen Inhalten beschäftigen!

Gehen Sie auch auf Zusammenhänge und Hintergründe ein!

Machen Sie sich auf komplexere und weiterführende Verständnisfragen gefasst!

Binden Sie die Zuhörer aktiv ein!

Wollen Sie überzeugen?

In den meisten Präsentationen – vor allem im beruflichen Zusammenhang – wollen Sie die Zuhörer von der Richtigkeit und Wichtigkeit der dargestellten Inhalte überzeugen. Jeder sollte nach der Präsentation sagen können: „Ja, ich folge den Ausführungen des Präsentierenden und stimme ihm zu!“ Um diese Reaktion zu erhalten, reicht es nicht aus, ein Konzept vorzustellen. Sie müssen Ihrer Zielgruppe die Vorteile und den Nutzen „verkaufen“. Denken Sie an den Politiker, der seine Wähler von sich überzeugen will: Er kann nicht darauf warten, dass die Bürger von allein darauf kommen, wie kompetent er ist. Auch Sie müssen klar und deutlich kommunizieren, welche Vorteile Sie zu bieten haben. Sie müssen dem Publikum Ihre Argumente auf dem Silbertablett servieren. Und natürlich muss deutlich werden, dass Sie selbst absolut überzeugt sind. Wer soll Ihnen etwas abkaufen, das Sie selbst nie kaufen würden?

Wie überzeuge ich richtig?

Bereiten Sie die Inhalte so einfach und verständlich wie möglich auf!

Machen Sie die Vorteile und den Nutzen Ihrer Idee/Ihres Konzeptes deutlich!

Gehen Sie auf die unterschiedlichen Bedarfe Ihrer Zuhörer ein!

Seien Sie selbst überzeugt!

Wollen Sie eine Entscheidung herbeiführen?

Seine Zuhörer überzeugt zu haben genügt allerdings nicht immer. Häufig erntet man als Präsentierender freundliche Zustimmung, aber danach passiert nichts. Sie müssen also noch etwas schaffen: die Entscheidungsbereitschaft Ihrer Zuhörer aktivieren. Nur dann kommt es zu Folgeschritten. Stellen Sie sich vor, Sie müssten Ihren Vorgesetzen dazu bewegen, eine klare Aussage über das weitere Vorgehen in einer Personalfrage zu machen. Sie werden nur dann ein konkretes Statement erhalten, wenn Sie alle wichtigen Punkte, die für eine Entscheidung nötig sind, in Ihrer Präsentation besprochen haben. Sie müssen Ihren Vorgesetzten befähigen, eine Entscheidung zu treffen. Ein weiterer wichtiger Aspekt in diesem Zusammenhang ist die Kosten-Nutzen-Frage. Auch diese sollten Sie – zumindest grob – beantworten können. Meist bekommen Sie Ihre Entscheidung aber dennoch nicht „freiwillig", Sie müssen sie schon konkret einfordern und Ihren Entscheidungsbedarf deutlich formulieren.

Wie führe ich eine Entscheidung herbei?

Bereiten Sie die Inhalte so einfach und verständlich wie möglich auf!

Machen Sie die Vorteile und den Nutzen Ihrer Idee/Ihres Konzeptes deutlich!

Gehen Sie auch fundiert auf Risiken und Nachteile ein!

Zeigen Sie mindestens einen ersten Überblick über die Kosten-Nutzen-Relation!

Formulieren Sie Ihren Entscheidungsbedarf klar!

Wollen Sie verkaufen?

Etwas anders verhält es sich bei einer Kaufentscheidung. Hier ist das „Verkaufen“ Ihr Ziel. Auf Nachteile der angebotenen Produkte oder Leistungen darf man zwar eingehen, muss sie aber in eine geschickte Relation zu den Vorteilen setzen. Die Kosten spielen natürlich eine wesentliche Rolle. Denken Sie daran, dem Käufer auch Nebenkosten zu nennen, damit er eine Entscheidung treffen kann, mit der er wirklich zufrieden ist. Anstatt den Entscheidungsbedarf zu verdeutlichen, fassen Sie bei einer Verkaufssituation die Vorteile Ihres Angebot zusammen.

Wie führe ich eine Kaufentscheidung herbei?

Bereiten Sie die Inhalte so einfach und verständlich wie möglich auf!

Machen Sie die Vorteile und den Nutzen Ihrer Idee/Ihres Konzeptes deutlich!

Reißen Sie eventuelle Nachteile an und setzen Sie sie in Relation zu den Vorteilen!

Machen Sie entstehende Kosten (inkl. Nebenkosten) transparent!
Liefern Sie einen abschließenden Überblick über Ihr Angebot.

Carola Müller dämmert langsam, wo ihr Fehler lag. Das Konzept für die Reorganisation hat sie sehr detailliert und deutlich dargestellt. Aber sie hat nicht klar genug kommuniziert, warum gerade diese Idee Erfolg versprechend ist. Die Vorteile sind nicht wirklich transparent geworden. Das hat der Kollege Uwe Hofer besser gemacht. „Irgendwie dachte ich, dass klar ist, wo die Vorteile liegen!" sagt Carola Müller zu ihrer Kollegin. „Aber offenbar muss man es auch aussprechen ..."

Entwickeln Sie einen roten Faden

Viele Präsentationen scheitern daran, dass die Inhalte nicht gut aufeinander aufbauen. Wie gelingt Ihnen das? Als Erstes müssen Sie sich über Ihre Kernbotschaft klar werden. Denn nur wenn Sie eine Kernbotschaft haben, können Sie den roten Faden spinnen, der sich durch die gesamte Präsentation zieht. Im nächsten Schritt teilen Sie Ihre Präsentation in die wesentlichen Phasen auf und legen deren grobe Inhalte fest. Erst jetzt folgt der konkrete Argumentationsaufbau für den Hauptteil Ihrer Präsentation. Schließen Sie dann Ihre Argumentationslinie mit einer klaren Entscheidungsvorlage ab. Als Letztes brauchen Sie nur noch einen runden Abschluss und der Erfolg ist Ihrer!

Carola Müller ärgert sich immer noch über ihren Misserfolg, zum anderen reift in ihr die Überzeugung, dass es falsch wäre, Uwe Hofer das Feld zu überlassen. Am nächsten Tag geht sie zu ihrem Chef, Michael Reinhardt. In einem langen Gespräch kann sie ihn davon überzeugen, sich die beiden Konzepte noch einmal anzuschauen. Eher missmutig stimmt Herr Reinhardt zu, die Präsentationen zu wiederholen. Er gibt Carola Müller eine klare Botschaft mit auf den Weg: „Herr Hofer war sehr überzeugend. Ich hoffe, dass Sie jetzt wirklich etwas zu bieten haben. Bitte verschwenden Sie nicht meine Zeit!" Carola Müller geht erleichtert zu ihrem Kollegen Manfred Hofer und berichtet ihm von ihrem Ge-

spräch mit dem Chef. Manfred Hofer schaut Carola Müller skeptisch an und sagt: „Na, wenn du dir da nicht mal selbst eine Falle gestellt hast. Wenn du diesmal nicht überzeugst, dürfte Reinhardt an deinen Ideen in Zukunft nicht mehr interessiert sein!" Carola Müller geht gleich an die Arbeit. Zuerst schaut sie sich noch einmal den inhaltlichen Aufbau ihrer Präsentation an. keine Frage, es fehlt der eine Gedanke, der sich durch die ganze Präsentation zieht ...

Was ist Ihre Kernbotschaft?

Wer präsentiert, sollte etwas zu sagen haben. Klar! Logisch! Aber leider nicht immer so leicht in Worte zu fassen, wie es sich anhört. Was ist Ihre Kernbotschaft? Was soll bei Ihren Zuhörern haften bleiben? Stellen Sie sich diese Frage als Erstes und verwenden Sie ruhig etwas mehr Zeit darauf, sie klar und prägnant zu beantworten.

So gelangen Sie zur Kernbotschaft

Was sollen die Zuhörer einem Dritten über den Inhalt Ihrer Präsentation erzählen (in einem Satz zusammengefasst)?

Wie ließe sich mit einem knackigen Slogan für Ihre Präsentation werben?

Was könnte das Motto Ihrer Präsentation sein?

Wie ließe sich der Inhalt Ihrer Präsentation in einem provokativen Satz formulieren?

Zeigen Sie das Ergebnis Ihrer Überlegungen einem unbeteiligten Dritten. Wenn er ein Gefühl dafür bekommt, worum es geht, und am liebsten mehr wissen würde, liegen Sie mit Ihrer Kernbotschaft richtig.

Carola Müller präsentiert noch am gleichen Tag ihre Kernbotschaft einem verblüfften Manfred Berger: „Mehr Effizienz durch weniger Schnittstellen und vereinfachte Kommunikation!"

Gehen Sie auf Materialsuche

Wir wissen natürlich nicht, zu welchem Thema Sie präsentieren wollen. Aber ganz gleich, was es ist: Sie sollten sich für Ihr Thema fit machen. Demonstrieren Sie, dass Sie auf Ihrem Gebiet kompetent sind. Wie geht das? Zum einen können Sie davon ausgehen, dass Sie selbst schon über eine Menge Fachwissen zu Ihrem Thema verfügen (es ist erfreulicherweise selten, dass Referenten gebeten werden, über eine Sache zu sprechen, über die sie kaum etwas oder nichts wissen.) Erfahrungsgemäß neigt man als Fachmann jedoch dazu, zu tief in ein Thema einzusteigen. Das ist bei einer Präsentation eine große Gefahr. In der Regel wissen Ihre Zuhörer nämlich weit weniger darüber, als Sie denken. Sie wünschen sich alles andere als einen wissenschaftlichen Vortrag. Brechen Sie also das, was Sie über Ihr Thema wissen, so weit herunter, dass es Ihr Publikum verstehen kann. Sie werden dabei die Erfahrung machen, dass Sie sich stark beschränken müssen.

Ihr Know-how ist also schon eine gute Quelle, aus der Sie Material für Ihren Vortrag schöpfen können. Fragen Sie sich, bezogen auf Ihr Präsentationsthema:

- Welche Kompetenzen bringe ich mit?
- Welche Erfahrungen habe ich gesammelt?
- Gibt es unterhaltsame Erlebnisse, die ich einflechten könnte?

Je nach Thema müssen Sie aber auch recherchieren. Hier gibt es verschiedene Quellen:

- die eigene Firma (Daten, Fakten, Dokumentationen etc.)
- Medien (Internet, Tageszeitungen, Fachblätter etc.)
- Bibliotheken
- Publikationen anderer Firmen (Kundenzeitschriften, Geschäftsberichte, Pressemitteilungen etc.)

Und schließlich noch ein Tipp: Erzählen Sie Freunden und Kollegen, zu welchem Thema Sie präsentieren werden. Erkundigen Sie sich, ob Sie über passendes Material verfügen. Oft bekommt man auf diesem Wege ausgezeichnete Hinweise und Informationen!

Gliedern Sie Ihren Vortrag

Liegt der Inhalt Ihrer Präsentation fest, beginnen Sie Ihren Vortrag zu gliedern. Sie bestimmen, über welche Punkte Sie im Einzelnen sprechen werden. Natürlich muss sich diese Gliederung auch in Ihrer Präsentation wiederfinden. Sie soll ja schließlich eine Orientierungshilfe bieten. Auch sollten Sie für die Gliederung Begriffe wählen, die Sie während des Vortrags verwenden werden. Das hilft beim Zuhören.

Gliederung und Vorgehensweise

Auf welche Punkte wollen Sie eingehen?

Welche Reihenfolge ist sinnvoll?

Welche Oberpunkte und Unterpunkte gibt es?

Seien Sie an dieser Stelle nicht zu ausführlich. Denken Sie daran, dass sich Ihre Zuhörer wahrscheinlich nicht mehr als sechs bis sieben Punkte merken können. Fassen Sie Ähnliches unter Oberpunkten zusammen. Die Unterpunkte nennen Sie erst, wenn Ihre Präsentation läuft. Stellen Sie sich vor, Sie sitzen in einer Veranstaltung und der Präsentator stellt erst einmal auf drei Folien seine Gliederung dar. „Das kann ja ewig dauern!“ werden Sie dann denken. Keine gute Voraussetzung, um die Aufmerksamkeit der Zuhörer zu fesseln.

Denken Sie an die Rahmenbedingungen

Um 19:00 Uhr sollte der Vortrag anfangen. Um zwei Minuten nach sieben stürzt ein etwas derangiert wirkender Herr mit fliegender Krawatte und wehendem Haar in den Saal und eilt Richtung Rednerpult. Noch im Gehen und hörbar kurzatmig startet er seine Begrüßung. Während er ins Thema einführt, sieht er sich suchend um, zerrt den Overheadprojektor neben das Pult, der glücklicherweise schon mit Verlängerungskabel und Stromanschluss versehen an der Seite stand. Er stellt das Gerät ein. Da er dabei seinen Rücken zum Publikum gedreht hat, ist kein Wort seiner weiteren Ausführungen zu verstehen. Aus der letzten Reihe ruft jemand, man könne hinten nichts erkennen. Der Projektor wird also wieder ein Stück zurückgezogen, um das Bild größer erscheinen zu lassen. Jetzt ist er so positioniert, dass das Gebläse die Schreibunterlagen des Herrn in der ersten Sitzreihe vom Tisch weht. Die Umbaupause verlängert sich weiter, um das Bild endlich scharf zu bekommen. Der Dozent ist sichtbar ins Schwitzen gekommen und sein aufgeregter Tonfall wird von hektischen roten Flecken untermalt, die vom Hemdkragen her den Hals hinaufkriechen. Rasch wird noch ein Begrüßungschart mit dem Namen und den besten Wünschen für eine erfolgreiche Veranstaltung geschrieben. Die Folie, die schließlich aufgelegt wird, ist viel zu voll. Der Dozent entschuldigt sich: „Ich weiß, liebe Kongressteilnehmerinnen und -teilnehmer, Sie werden das jetzt sicher nicht lesen können, ...“ Zu dumm, der Kongress war gestern. Was da im Publikum sitzt, sind die Messeaussteller ...

Wie zu sehen ist, steht und fällt eine Präsentation mit der Vorbereitung. Viele Schwierigkeiten während einer solchen Vorführung lassen sich durch eine gute Planung vermeiden. Wir werden in diesem Kapitel diejenigen Punkte beleuchten, über die Sie sich schon im Vorfeld der Veranstaltung Gedanken machen sollten.

Eine gute Vorbereitung bringt zweierlei: Zum einen reduzieren Sie ungewollte Pannen oder Nebeneffekte auf ein Minimum; zum anderen erreichen Sie, dass Sie psychisch ruhiger werden. Sie genießen das gute Gefühl alles im Griff zu haben. Das führt dazu, dass Ihnen tatsächlich alles sehr gut gelingt.

Präsentationen finden natürlich in ganz unterschiedlichen Zusammenhängen und zu verschiedenen Themen statt. Ein zweitägiger Workshop zum Thema Produktpräsentation erfordert eine andere Vorbereitung als der Vortrag eines extern angereisten Referenten zum Thema „Ethik und Management“, dieser wiederum eine andere als eine Familienrede. Deshalb muss jeder Redner für seinen eigenen Fall entscheiden, welche Punkte der Vorbereitung für ihn notwendig und sinnvoll sind.

Um Sie zu unterstützen, haben wir zu jedem wichtigen Punkt der Vorbereitung eine Checkliste entworfen. Es handelt sich lediglich um Vorschläge. Wir empfehlen Ihnen, daraus eine eigene, individuelle Checkliste für Ihre Präsentation zu entwickeln.

Unterschätzen Sie Organisatorisches nicht

Beim Thema Vorbereitung denken natürlich die meisten an die inhaltliche Seite der Präsentation. Dabei erfordert eine Präsentation auch eine organisatorische Vorbereitung. In aller Regel sind Veranstaltungen mit zahlreichen organisatorischen Fragen und Details verbunden, deren Nichtbeachtung fatale Folgen haben kann. Die Frage ist, wie weit Sie in Organisationsfragen eingebunden sind. Sind sie Veranstalter einer Präsentationsreihe, führen Sie selber ein Seminar durch oder sind Sie nur der Einladung für einen Beitrag gefolgt?

Damit es Ihnen, unabhängig davon wie Sie eingebunden sind, nicht so ergeht wie dem oben genannten Herrn (übrigens eine wahre Begebenheit!), hier einige organisatorische Dinge, die Sie beachten sollten.

Organisatorisches nicht vergessen

- Anreise des Referenten (Anreisebeschreibung, Hoteladresse, Parkmöglichkeiten, Kontaktperson, Präsentationsort)
- Schlüssel, Hausmeister
- Bestuhlungsform, Heizung/Klimaanlage, Verdunklung
- Mikrofon/Lautsprecher
- Zeitplan, Essen, Unterbringung der Teilnehmer
- Pausengestaltung, Getränke
- Störungen vermeiden (Handys ausschalten, Aushänge machen)

Kommen Sie als Präsentator nicht nur pünktlich zum Veranstaltungsbeginn, sondern möglichst schon etwas früher. Früher heißt unserer Erfahrung nach eher eine ganze als nur eine viertel Stunde.

Schaffen Sie eine angenehme Atmosphäre

Das frühzeitige Erscheinen des Referenten vor Veranstaltungsbeginn hat einen weiteren Vorteil. Er kann sich vor Beginn der Veranstaltung ungezwungen mit seinen Zuhörern unterhalten, sich einen Eindruck von seinem Publikum verschaffen und bereits die extrem wichtige Arbeit auf der Beziehungsebene beginnen. Auch die Zuhörer der Präsentation erhalten so einen offenen und kommunikativen Eindruck vom Referenten, was sicherlich auch zu einem gewissen Wohlwollen und zu etwas Sympathie ihm gegenüber führt. Dazu bietet sich natürlich klassischer Smalltalk an. Legen Sie sich einige Themen zurecht, die für die Zuhörergruppe passend sind. Hier ein paar Vorschläge, wobei Ihrer Fantasie keine Grenzen gesetzt sind:

SMALLTALK

- Frage, was die Zuhörer zum Thema geführt hat
- Aktuelle Entwicklungen im Umfeld der Zuhörer
- Interessante Bezüge zum Veranstaltungsort
- Vorerfahrungen der Zuhörer zum Thema
- Ihre eigenen Vorerfahrungen mit den Zuhörern etc.

Und natürlich die Klassiker:

- Anreise
- Jahreszeiten (Urlaub u. Ä.)
- Wetter
- Aktuelles Tagesgeschehen usw.

Meiden Sie aber:

- Politik
- Krankheiten
- Ethisch-moralisches

Hier ist die Gefahr zu groß, dass Sie sich aufs Glatteis begeben. Vorsicht auch beim Thema Fußball, nicht jeder schwärmt für denselben Club. Also noch ein „no go“: Sport.

Bei mehrtägigen Veranstaltungen, Jugendcamps oder Wochenendseminaren ist es oft üblich, die Veranstaltung mit einem Stehkaffee oder einem gemeinsamen Abendessen zu beginnen. Besonders wenn die

Gruppe längere Zeit zusammen bleibt, kann man sich auf diese Art schon mal „beschnuppern" und informelle Kontakte knüpfen. Sie alle kennen dies sicher auch unter dem Namen „Kick-off"-Veranstaltung.

Der Raum

Auch die sorgsame Wahl oder Dekoration eines Raumes kann viel dazu beitragen, dass sich die anfängliche Zurückhaltung der Zuhörer in eine angenehm freudige Erwartungshaltung umwandelt. Ebenso beeinflusst die Größe eines Raums die Atmosphäre. Ist er zu groß und es bleiben viele Stühle leer, kann die Veranstaltung uninteressant und karg wirken. Ein kleiner Raum, in dem einige Leute vielleicht sogar stehen müssen, kann im einen Fall für ein gemütliches und vertrautes Ambiente sorgen, im anderen unprofessionell und desorganisiert wirken.

Tische und Stühle

Sehr wichtig für die Atmosphäre Ihrer Präsentation ist auch die Anordnung der Sitzplätze und/oder Tische. Je interaktiver Ihr Vortrag sein soll, desto mehr Platz müssen Sie haben, um auf einzelne Teilnehmer zugehen zu können. Hier bietet sich also im Gegensatz zu der klassischen Parallelausrichtung (wie in der Kirche, der Hintermann schaut auf den Hinterkopf des Vordermanns und alle zusammen auf Sie) die U-Form an. Diskussionen und teilnehmerorientierte Phasen werden so deutlich gefördert. Schwieriger ist die Frage, ob man ganz auf Tische verzichtet. Wenn fremde Menschen ohne Tische beispielsweise in einer Runde zusammensitzen, fehlt ihnen zuallererst eins: Schutz. Ein Tisch ist zugleich Barriere, Schreibfläche und bequeme Ablage für die Arme. Man weiß wohin mit den Händen, ist nicht so schnell taxierbar. Das ist zunächst einmal gut für die Atmosphäre Ihrer Veranstaltung, weil unangenehme Gefühle vermieden werden. Gleichzeitig liegt hierin auch die Begrenzung dieser Anordnung. Sollte sich die Gruppe mittlerweile kennen gelernt haben, verhindern die Tische nachweislich und sehr spürbar eine sehr persönliche Auseinandersetzung. Und mitten im Programm die Tische entfernen – das ist unüblich. Unsere Empfehlung: Probieren Sie bei passender Gelegenheit aus, wie sich Menschen ohne Tische zwischen Ihnen verhalten. Oder wechseln Sie nach Input-lastigen Phasen zur Diskussion in eine andere Ecke des Raumes.

Für eine positive Atmosphäre sorgen

- Smalltalk-Themen aufwerfen
- Ruhe und Freundlichkeit ausstrahlen
- Wahl (Größe) und Gestaltung (Dekoration) der Räumlichkeiten
- Bestuhlung
- Schreibutensilien auf den Tischen (Werbung?)
- „Warmlaufphase" (Stehkaffee, gemeinsames Essen)

Die Tücken der Medien

Natürlich hängt es von der Bedeutung Ihrer Veranstaltung ab, wie viel Aufwand Sie betreiben, um die Folgen möglicher Pannen so gering als möglich zu halten. Erstellen Sie Ihre eigene Prioritätenliste. Der Erfahrung nach birgt besonders der Einsatz von Medien bei der Präsentation einige Risiken, weshalb wir diesen Punkt bereits in dieses Kapitel mit aufgenommen haben und später noch einmal auf die inhaltlichen Aspekte des Medieneinsatzes zurückkommen. Der inhaltlich beste Vortrag verliert in seiner Wirkung, wenn der Präsentator nicht weiß, wie er die Geräte zu bedienen hat, die er für seine Präsentation vorgesehen hat. Deshalb sollten Sie sich immer vor Beginn der Veranstaltung mit der Bedienung der Geräte und dem entsprechenden Zubehör (Steckdose, Verlängerungskabel, Fernbedienungen etc.) vertraut zu machen. Das gilt insbesondere für Referenten, die von außerhalb kommen und die Örtlichkeiten oder die Tücken der Geräte nicht kennen. Wichtig ist auch, bereits vor Beginn der Veranstaltung die Qualität der Visualisierungen zu prüfen: Fast jeder von uns hat schon mal die leidliche Erfahrung gemacht, dass in der letzten Reihe nichts zu sehen war. Das kann an zu klein geratenen Grafiken und Texten liegen, vielleicht ist auch die Schrift zu hell. Ablenkende Korrekturen während der Präsentation lassen sich durch vorheriges Ausprobieren vermeiden!

Für den Notfall sollten Sie die Nummer des Hausmeisters, der hauseigenen IT-Berater oder der Techniker zur Hand zu haben. Auch an die Nummer des Banketts oder des Servicepersonals sollten Sie denken.

Laptop/Beamer

Wir alle kennen den berühmt-berüchtigten Vorführeffekt. Nach Murphy's Gesetz wird alles schief gehen, was schief gehen kann. Der Rechner, der die Präsentation zu Hause noch problemlos bewältigt hat, muss dies in der Veranstaltung nicht automatisch genauso tun. Vor Veranstaltungsbeginn sollten Sie ihn also erneut prüfen! Unbedingt an einen vollgeladenen Akku oder das Netzteil denken. Auch muss sichergestellt werden, dass das Notebook mit dem Beamer kompatibel ist. Übrigens, die Lampe des Beamers kann durchbrennen! Folgender Rat könnte auch Ihre Präsentation retten: Das Wasserglas nicht neben dem Laptop abstellen.

Bei wichtigen Veranstaltungen kann man die Präsentation zusätzlich auf Folie dabei haben, um sie im Notfall auch über den Overheadprojektor weiterführen zu können. Meistens führt dies allerdings dazu, dass Sie viele Slides für den Aktenschrank oder den Abfallkorb produzieren. Wenn Sie Ihr Thema beherrschen und Ihre Folien mehrheitlich Text enthalten, sollten Sie überlegen, ob es nicht ausreichend wäre, am Flipchart weiter zu erklären.

Overhead

Das häufigste Problem bei der Nutzung von Overheadprojektoren ist das Durchbrennen der Lampe. Vergewissern Sie sich vor Beginn der Veranstaltung, dass eine Ersatzbirne im Gerät ist. Überprüfen Sie, ob das Gerät *überhaupt* funktioniert. Stellen Sie die Schärfe ein. Es sieht immer etwas unprofessionell aus, wenn Sie die ersten Sekunden der Präsentation dazu verwenden, den Mechanismus zu erkunden. Und diese Sekunden können lang werden, sehr lang. Bedenken Sie, dass Sie mit einer gewissen Anfangsnervosität starten. Klären Sie daher auch, wie die Folie auf den Projektor zu legen ist. Wenn Sie während der Projektion merken, dass nicht alles an der Wand erscheint, verschieben Sie die Folie besser mit Blick auf den Projektor. Das Bild an der Wand bewegt sich nämlich nicht so, wie Sie vermuten.

Flipchart

Beschäftigen Sie sich auch mit dem Papierwechsel und dem Transport eines Flipcharts. Wenn sie es während der Präsentation verrücken wollen und die Beine nicht justiert sind, wird es zusammenbrechen. Auch ist es wichtig, sich im Vorfeld zu überlegen, wo die beschriebenen Bögen befestigt werden (Seitenarme des Charts, Pinnwand, Klemmleisten oder an der Wand selber – die hoffentlich Klebeband rückstandslos wieder hergibt). Wenn Sie Ihr Publikum beeindrucken wollen, lernen Sie mit einer Nadel und einem beherzten Schnitt das Papier so weit anzuritzen, dass Sie es gekonnt mit einem Ruck und glatter Risskante abziehen können. Üben Sie es ausreichend, denn wenn der Ritz nicht tief genug geht, bleibt das Blatt hängen. Dann können Sie an einer Seite mit dem Zeigefinger auf den Ritz schnippen, manchmal reicht das, um das Blatt abziehen zu können. Haben Sie jedoch zu stark geritzt, kommen Ihnen bei Ihrer weiteren Arbeit am Flipchart nach und nach noch andere Blätter entgegen.

Pinnwand

Sind die Pinnwände schon aufgebaut? Es gibt zerlegbare Pinnwände, die eventuell erst noch montiert werden müssen. Klären Sie, ob sie zweiseitig zu nutzen sind und wie es um ihre Stabilität bestellt ist. Denken Sie auch an die „Software", denn ohne Packpapier („brownpaper"), Karten, Stifte, Pinnnadeln nützt die schönste Pinnwand nichts. Wie befestigen Sie die Karten? Stecken Sie sie eher vorsichtig, aber umständlich fest oder stoßen Sie die Nadel martialisch durch Karte, Papier und Wand gleichzeitig hindurch? Achten Sie auch auf die Füße der Wände. Manchmal sind diese ausklappbar und wenn sie nicht ausgeklappt sind, droht der Umsturz. Treten Sie auf einen Fuß, wenn Sie Karten anhängen, das sorgt für Stabilität. Auch sollten Sie kurz den Transport einer solchen Wand üben. Am besten nehmen Sie sie auf den Rücken. Dann halten Sie den Blickkontakt zum Publikum und wissen, wo Stolpersteine sind.

Medien-Check

- Telefonnummern (mobil) von Hausmeister, hauseigenem IT-Berater oder Techniker, Bankettservice
- Lesbarkeit der benutzten Medien (Abstand, Schärfeeinstellung)
- Ersatzteile für Geräte (z. B. Birne für Overhead ...) oder Ersatzgeräte
- Test und Bedienung aller verwendeten Geräte
- Eventuell Ersatz beim Ausfall von Medien (Ausweichmöglichkeit auf andere Medien)
- Sind alle erforderlichen Materialen vorhanden (Metaplankarten, Pinnnadeln, Folien, Folienstifte, Flipchartpapier etc.)?
- Ausreichende Anzahl Teilnehmerunterlagen
- Begrüßung auf Flipchart

Wenn trotz aller Vorbereitung etwas schief geht

Manchmal tritt trotz ausgezeichneter Vorbereitung ein unerwartetes Ereignis ein. Dann gilt dasselbe wie bei jedem anderen Unfall: Keine Panik. Absolute Sicherheit gibt es nun einmal nicht. Neben den ausschaltbaren Störfaktoren, auf die Sie sich vorbereiten oder die Sie abwenden können, kann es immer zu unvorhersehbaren Störungen kommen (z. B. Stromausfall). Wenn Sie zu den Menschen gehören, die sich schnell Sorgen machen, oder zu denen, für die der perfekte Ablauf einer Veranstaltung das Wichtigste ist, sollten Sie jetzt weiterlesen. Stellen Sie sich einmal folgende Situation vor:

Sie verfolgen eine Präsentation, der Referent ist gut vorbereitet: Er hat einen inhaltlich exzellent aufgebauten und strukturierten Vortrag gehalten. Durch seine Visualisierungen am Flipchart und die Folien, die er aufgelegt hat, konnten Sie die Zusammenhänge ausgezeichnet verstehen. Außerdem hat er immer wieder mit dem Publikum Blickkontakt aufgenommen, wodurch Sie sich in seine Überlegungen einbezogen fühlten. Kurz und gut, Sie haben einen sympathischen und kompetenten Redner vor sich. Plötzlich, bei einer besonders interessanten Folie, fällt der Overheadprojektor aus. Die Lampe scheint durchgebrannt zu sein, eine Ersatzbirne ist nicht vorhanden. Der Dozent entschuldigt sich kurz für die Störung und fährt dann fort, die Folie verbal zu erklären. Er unterstützt das Ganze mit einer einfachen Zeichnung auf dem Flipchart.

Wie würden Sie sich als Zuhörer nun fühlen? Sehr wahrscheinlich wären Sie recht tolerant. Da der Dozent bisher sehr gut war und jetzt souverän mit der Situation umgeht, fühlen Sie sich nicht weiter gestört. Und darüber hinaus könnte es auch sein, dass Ihnen die gekonnte Art, mit der Ihr Dozent diese Klippe umschifft, durchaus imponiert. In der Tat sollte man Fehler niemals dramatisieren. Sie führen selten dazu, dass eine Botschaft nicht ankommt. Bedenken Sie immer, für den Präsentator selbst ist das alles viel, viel schlimmer als für die Zuhörer.

Reduzieren Sie die Risiken allerdings auf ein unvermeidliches Restmaß, dann laufen Sie auch nicht Gefahr, einer nachlässigen Vorbereitung verdächtigt zu werden.

Hier noch einige ganz pragmatische Tipps, die Sie natürlich verändern oder ergänzen können. Je nach Typ und Ereignis können die Reaktionsmöglichkeiten bei Störungen ganz unterschiedlich sein:

- Wenn das Problem ein kleineres, nicht grundlegend störendes ist, versuchen Sie es zu ignorieren und beispielsweise in der Pause zu lösen. Je intensiver Sie selbst sich damit beschäftigen, desto mehr machen Sie es zum Problem Ihres Publikums.
- Benennen Sie die Schwierigkeit ganz bewusst und sagen Sie, welche Schritte Sie zu seiner Behebung zu tun gedenken.
- Holen Sie sich einen Experten aus dem Auditorium („Kennt sich hier jemand mit dieser Technik aus?“). Meistens wird dies wesentlich besser aufgenommen als erwartet. Lieber möchte man eine schnelle Abhilfe als die quälende und unbeholfene Eigenaktivität des Präsentators. Außerdem zeugt es von Souveränität, nach Hilfe fragen zu können.

Hier noch zwei Empfehlungen, die mit etwas Vorsicht zu genießen sind. Wenn Sie bis zur Störung als souverän und kompetent eingeschätzt worden sind, können Sie sich eine witzige Bemerkung leisten. Haben Sie bisher aber das Gefühl, die Zuhörer stehen respektive sitzen Ihnen noch sehr reserviert gegenüber, dann verzichten Sie darauf. Man könnte Ihre Äußerung als Anbiederung oder (fachliche wie emotionale) Unsicherheit deuten.

BEISPIEL

Versuchen Sie die Situation durch eine witzige Bemerkung zu entspannen: „Es ist halb zehn in Deutschland. Ich denke, mein Laptop hat sich gerade eine Knoppers-Pause gegönnt." Appellieren Sie auf eine nette Weise an die Souveränität der Zuhörer: „Diese Situation ist ein Test Ihrer Flexibilität. Ich werde jetzt mithilfe des Flipcharts fortfahren."

Mit weiteren Hinweisen zur inneren Anspannung vor und während einer Präsentation befasst sich das Kapitel „Erfolgsfaktor Persönlichkeit: So bekommen Sie Ihr Lampenfieber in den Griff".

Mit Bravour starten: die Einleitung

Inzwischen hat Carola Müller viel gearbeitet: Das Ziel ist formuliert, die Inhalte und die Gliederung stehen fest. Ihre Präsentation setzt auf die bewährte klassische Dreiteilung: Eine packende Einleitung, ein überzeugender Hauptteil, ein knackiger Schluss.

Sie holt sich Papier und Stift, um die Einleitung zu formulieren. Aber wie soll sie anfangen? Sie schreibt ein paar Sätze, streicht sie durch, beginnt von vorn. Als sie gerade das fünfte Blatt wütend zerreißt, kommt Kollege Manfred Berger in ihr Büro. „Was machst du denn da? Hast du ein Problem?" fragt er und sammelt die Papierfetzen ein. „Ich versuche verzweifelt eine Einleitung für meine Präsentation zu formulieren. Aber ich kriege das nicht hin. Womit soll ich anfangen? Wie soll ich es ausdrücken? Es gibt tausende Möglichkeiten. Und welche ist die beste?"

„Aller Anfang ist schwer," beruhigt sie Manfred Berger, „aber denk nicht so kompliziert. Stell dir am besten mal vor, was du als Zuhörer erwarten würdest, wenn der Referent seinen Vortrag beginnt!" Vermutlich möchtest du begrüßt werden, wissen, was auf dich zukommt und wie die ganze Veranstaltung abläuft. Und ein bisschen Spannung solltest du auch aufbauen, die Leute sollen schließlich neugierig werden!" „Du hast Recht. Ich denke schon viel zu stark in inhaltlichen Kategorien. Vielleicht schreibe ich mir einfach mal ein paar Stichworte aufs Blatt, ohne gleich alles auszuformulieren. Das kann ich schließlich später noch tun ..."

Viele Präsentierende denken „Time is money" und stürzen sich gleich „in die Vollen". Damit verlieren sie aber nur Zeit, weil den Zuhörern Dinge unklar bleiben oder der gesamte Sinn der Präsentation unverständlich bleibt. „You never have a second chance to make a first impression!" Dieses alte Sprichwort kennen Sie sicherlich. In der Tat bildet sich innerhalb weniger Sekunden ein erstes Urteil über einen

Menschen. Ein guter Einstieg in einer Präsentation ist also immens wichtig.

Die Einleitung dient der inhaltlichen und organisatorischen Orientierung und dem Ziel, bei den Teilnehmern Interesse zu wecken.

Elemente einer Einleitung

- Begrüßung und Anrede der Zuhörer
- Organisatorisches
- Ziel und Inhalt der Präsentation
- Gliederung und Vorgehensweise
- Aufmerksamkeit wecken

So begrüßen Sie Ihre Zuhörer

Je nach Veranstaltung kann die Begrüßung sehr unterschiedlich ausfallen. Sind Sie zum Beispiel der Eröffnungsredner einer Ausstellung, zu der Schirmherren und besondere Ehrengäste erschienen sind, sollten Sie diese persönlich begrüßen. Präsentieren Sie im Rahmen einer regelmäßigen Abteilungsbesprechung, ist eine Begrüßung der einzelnen Teilnehmer nicht unbedingt notwendig, meist reicht hier ein freundliches „Guten Morgen“ oder „Guten Tag“. Überlegen Sie im Vorfeld, welcher der Anwesenden eine gesonderte Begrüßung erwartet, zum Beispiel weil er eine weite Anreise hatte oder im Rahmen der Veranstaltung noch eine wichtige Rolle spielen wird. Machen Sie dabei aber nicht den Fehler, nur diese Person anzuschauen, schenken Sie auch den anderen Teilnehmern Ihre Aufmerksamkeit. Dazu eine kleine Begebenheit:

Die Autorin dieses Buches war Teilnehmerin einer internationalen Frauenkonferenz zum Thema Networking. Als Begrüßungsredner trat ein Vorstandsmitglied einer großen deutschen Bank (natürlich männlich auf). Seine Rede begann er mit den Worten:

„Liebe Teilnehmer unserer diesjährigen Frauenkonferenz ...!

Der Beginn seiner Rede ging in einem Raunen unter. Außer ihm war nämlich kein weiterer Mann im Raum.

Sie sehen, schon mit einer unglücklichen Anrede der Zuhörer kann man sich Schwierigkeiten bereiten. Reagiert Ihr Publikum auf die Begrüßung verärgert oder auch nur verwundert, wird es Ihnen mit weniger Wohlwollen zuhören.

Korrekt begrüßen

- Welche herausragenden/wichtigen Personen oder auch Personengruppen sind im Raum?
- Wer ist besonders weit gereist/hatte eine besonders anstrengende Anreise?
- Welche Standards gibt es in der Anrede der Teilnehmer? (Ist „Liebe Bahner" eine Beleidigung oder eine vertrauliche Anrede für eine Runde von Zugführern?)
- Welche Rolle spielen die männliche und die weibliche Anrede für die Anwesenden?

Denken Sie an Organisatorisches

Mussten Sie auch schon einmal morgens ohne Frühstück los und trafen mit einem unangenehmen Hungergefühl bei einer Veranstaltung ein? Oder mussten Sie zur nächsten Besprechung und waren knapp in der Zeit? Dann wissen Sie sicher, wie schwierig es ist, jemandem zuzuhören, wenn man gedanklich mit ganz anderen Dingen beschäftigt ist. Man schaut ständig auf die Uhr und sagt sich: „Komm zum Punkt, ich muss noch weiter!"

Machen Sie zu Beginn einer Präsentation eine ungefähre Aussage darüber, wie lange Ihre Präsentation und/oder die gesamte Veranstaltung dauern wird. Seien Sie eher etwas großzügig und beachten Sie, dass auch Fragen und Diskussionen Zeit kosten. Kündigen Sie Pausen an, die Sie dann auch einhalten. Sagen Sie den Zuhörern, wann sie Fragen stellen können. Müssen Ihre Zuhörer selber mitschreiben oder bekommen sie ein Handout bzw. eine Tischvorlage? Gibt es in der Pause oder am Ende der Veranstaltung etwas zu essen oder zu trinken? Müssen Hotelzimmer bezogen oder geräumt werden? Je aufwändiger und länger eine Veranstaltung, desto länger wird dieser Teil. In manchen Fällen kann es sinnvoll sein, die organisatorischen Fragen deutlich vom Inhalt einer Präsentation zu trennen und daraus einen eigenen Tagesordnungspunkt zu machen.

Organisatorisches am Anfang klären

Was müssen die Zuhörer wissen, damit sie sich vollkommen auf den Inhalt der Präsentation konzentrieren können?

Was ist für einen reibungslosen Ablauf der Veranstaltung wichtig?

Wenn Sie wichtige Entscheidungsträger im Raum haben, die auf jeden Fall bis zum Ende der Veranstaltung bleiben sollten, klären Sie an dieser Stelle, ob der von Ihnen angedachte Zeitrahmen mit der Planung dieser Personen übereinstimmt. Ist dies nicht der Fall, müssen Sie unbedingt umdisponieren, vielleicht einen Punkt streichen oder zeitlich nach hinten verschieben.

Sagen Sie, was Sie vorhaben

Jetzt geht es erst richtig los. In der Einleitung schildern Sie den Zuhörern, warum Sie überhaupt reden. Wollen Sie sie über irgendetwas informieren, ihnen etwas beibringen, sie von einer Idee überzeugen oder eine Entscheidung herbeiführen? Hier knüpfen wir also wieder an das erste Kapitel an. Wenn Sie sich nicht im Klaren sind, was Ihr Ziel ist, dann können Sie es an dieser Stelle auch nicht nennen. Sie sollten auch kurz anreißen, womit Sie sich inhaltlich beschäftigen werden. Vielleicht sagen Sie auch, womit Sie sich nicht befassen wollen. So können Sie Enttäuschungen und falschen Erwartungshaltungen der Teilnehmer vorbeugen. Im Fall von Carola Müller könnte die Einleitung wie folgt klingen:

„Ich möchte Ihnen heute noch einmal darstellen, wie meiner Meinung nach eine sinnvolle Restrukturierung des Bereichs Vertrieb vorgenommen werden sollte unter Berücksichtigung der Reduzierung von Schnittstellen und der Vereinfachung der Kommunikation. Dabei werde ich noch nicht auf eine konkrete Umsetzungsplanung eingehen, die ich Ihnen aber gerne im Anschluss an die Präsentation als Handout gebe. Ich würde mich freuen, wenn wir zu einer gemeinsam getragenen Entscheidung kommen."

Carola Müller hat deutlich gemacht, dass sie nicht über die konkrete Umsetzung reden möchte, sondern über ein Konzept. Damit hat sie den Inhalt genannt, aber auch die ausgeklammerten Themen. Ziel und „Nicht-Ziel" zu nennen kann durchaus sinnvoll sein. Zum Beispiel könnte man bei einem Bericht über den Stand eines Projekts erklären, dass ausschließlich um die Einhaltung des Zeitplanes dokumentiert wird, es aber nicht um die Beurteilung von Ergebnissen geht.

Ziel und Inhalt vorstellen

Welches Ziel verfolgen Sie mit der Präsentation (und wollen Sie kommunizieren)?

Auf welchen inhaltlichen Rahmen bezieht sich Ihre Präsentation?

Welche Ziele und Inhalte könnten die Zuhörer darüber hinaus erwarten, die Sie nicht erfüllen können oder wollen?

Geben Sie Ihren Zuhörern Orientierung

Die Darstellung des Inhalts der Präsentation sollte nahtlos in die Gliederung Ihres Vortrags übergehen. Hier stellen Sie dar, über welche Punkte Sie im Einzelnen sprechen werden. Natürlich muss sich diese

Gliederung auch in Ihrer Präsentation wiederfinden. Sie soll ja schließlich eine Orientierungshilfe bieten und nicht die Desorientierung noch vergrößern. Auch sollten Sie für die Gliederung Begriffe wählen, die Sie im Weiteren verwenden werden. Das hilft den Zuhörern ebenfalls beim Zuhören.

Gliederung und Vorgehensweise vorstellen

Auf welche Punkte wollen Sie eingehen?

Welche Reihenfolge ist sinnvoll?

Welche Oberpunkte und Unterpunkte gibt es?

Seien Sie an dieser Stelle nicht zu ausführlich. Denken Sie daran, dass sich Ihre Zuhörer wahrscheinlich nicht mehr als 6-7 Punkte merken können. Fassen Sie Ähnliches unter Oberpunkten zusammen und nennen Sie die Unterpunkte erst, wenn Sie in Ihrer Präsentation darauf eingehen. Stellen Sie sich vor, Sie sitzen in einer Veranstaltung und der Präsentator stellt erst einmal auf drei Folien seine Gliederung dar. Gleich kommen Ihnen da Gedanken in den Sinn wie: „Das kann ja ewig dauern!“ oder „Hauptsache, er kommt auch irgendwann zum Punkt!“ Sicherlich keine gute Ausgangsposition, um die Aufmerksamkeit der Zuhörer zu erlangen.

Sorgen Sie für Aufmerksamkeit

Das Wichtigste an einer Präsentation ist, dass man Ihnen zuhört. Also brauchen Sie erst einmal die Aufmerksamkeit Ihrer Zuhörer. Für Spannung sollten Sie daher schon in der Einleitung sorgen, nur dann werden die Inhalte und Argumente des Hauptteils auch gehört. Je nachdem, wie stark Sie die Teilnehmer persönlich einbeziehen und ansprechen möchten, gibt es verschiedene Methoden, Aufmerksamkeit zu erregen.

Aufmerksamkeit wecken

- Provokante These/Slogan/ Motto
- Bezug zu einem aktuellen Thema
- Rhetorische Frage
- Persönliches Erlebnis/Anekdote
- Anknüpfen an Vorredner
- Paradoxe Handlung/Aussage

Provokante These, Slogan, Motto

Stellen Sie eine provokante These in den Raum („Mit unseren viel zu langen Entwicklungszeiträumen sind wir in spätestens drei Jahren vom Markt!"), werden die Zuhörer denken: „Na, da wollen wir mal sehen, wie er/sie das beweisen will!" Und schon ist Ihnen die Aufmerksamkeit sicher. Einen Überraschungseffekt erzielen Sie, wenn Sie einer allgemeingültigen Aussage widersprechen („Ernähre dich gesund und lebe kürzer!") oder in Aussicht stellen, eine weit verbreitete Auffassung zu entkräften („Arbeitsrecht ist verdammt langweilig – nein, das werde ich Ihnen heute beweisen!"). Das Wichtige beim Einsatz dieser Stilmittel ist, dass Sie den Nerv der Teilnehmer treffen, sich aber nicht aufs Glatteis begeben. Was Sie sagen, müssen Sie auch beweisen und belegen können.

Bezug zu einem aktuellen Thema

Stellen Sie eine Verbindung zu aktuellen Ereignissen, Meinungen oder Trends her. Je näher das Bezugsthema am Alltag der Zuhörer ist, umso lieber wird man Ihnen zuhören. Carola Müller könnte zum Beispiel Folgendes sagen:

„Gestern ist mal wieder das Kundeninformationssystem abgestürzt. Die Außendienst-Mitarbeiter hatten keinen konkreten Ansprechpartner hier vor Ort, an den sie sich wenden konnten, und haben teilweise drei bis vier Stunden damit

verbracht, den richtigen Kollegen ans Telefon zu bekommen. Kostbare Zeit, die im Kundenkontakt verloren geht. Wir müssen in unserer neuen Organisation dafür sorgen, dass es klare Ansprechpartner gibt und unsere Außendienst-Kollegen sich ihrem eigentlichen Geschäft widmen können. Mit meinem Konzept für die Reorganisation ist das möglich.“

Der Chef von Carola Müller wird sich sicherlich über diesen Vorfall geärgert haben und ihr jetzt aufmerksam zuhören. Sie können natürlich auch auf ein aktuelles Ereignis aus Gesellschaft und Politik Bezug nehmen. Seien Sie sich in jedem Fall sicher, dass es Ihre Zuhörer interessiert und betrifft.

Die rhetorische Frage

Sie ist ein sehr beliebtes Mittel, um die Aufmerksamkeit zu steigern. Meist beginnt man eine rhetorische Frage mit einer dieser Formulierungen: „Haben Sie sich nicht auch schon gefragt ...“ oder „Regen Sie sich auch jedes Mal darüber auf, dass ...“ oder „Wollten Sie nicht auch schon immer mal ...“ So könnte Carola Müller die rhetorische Frage einsetzen:

„Regt es Sie nicht auch jedes Mal auf, dass es Stunden dauert, bis unser Kundeninformationssystem wieder funktionsfähig ist?“

Eine rhetorische Frage muss von den Zuhörer immer eindeutig mit Ja beantwortet werden können. Testen Sie also die Frage, die Sie sich überlegt haben.

Persönliche Erlebnisse und Anekdoten

Sie können auch eine Geschichte schildern, die Ihnen (angeblich) passiert ist. Vielleicht berichtet Carola Müller von eigenen Problemen mit dem Kundeninformationssystem. Auch Erlebnisse außerhalb der Arbeitswelt sind spannend. Wenn Sie ein guter Geschichtenerzähler sind, holen Sie ruhig etwas weiter aus. Versuchen Sie, mit Worten ein Bild zu malen, schildern Sie nicht nur, was passiert ist, sondern auch, was Sie dabei gedacht und gefühlt haben. Nehmen Sie Ihr Publikum mit auf eine Reise in die Vergangenheit. Diese Methode eignet sich sehr gut, um einen persönlichen Bezug zu Ihren Zuhörern herzustellen. Carola Müller könnte z. B. ihren Kollegen anhand eines persönlichen Erlebnisses deutlich machen, was für sie ein kundenfreundlicher und serviceorientierter Außenauftritt wäre:

Vor einigen Wochen habe ich mich in einem großen Elektromarkt über eine neue Telefonanlage informiert. Dabei hatte ich einige etwas kompliziertere Fragen, so dass der Verkäufer deutlich überfordert war. Auf meine Frage, ob ich denn meine vorhandenen Telefongeräte weiter nutzen kann, wenn ich auf ein anderes System umsteige, antwortete er mir entnervt: „Woher soll ich das denn wissen?“

Ich ging also in den nächsten Elektromarkt, ein kleines Geschäft in der Nähe meiner Wohnung. Hier nahm man sich sehr viel Zeit für mich, notierte alle komplizierteren Fragen und bot mir sogar an, sich die Situation vor Ort anzusehen. Und dann war auch noch der Preis etwas geringer als bei der Konkurrenz. Seit drei Tagen habe ich nun meine neue Anlage und sie wurde auch noch komplett von einem netten Techniker installiert.

An einen Vorredner anknüpfen

Wenn Sie sich gern auf der rein sachlichen Ebene bewegen und einen Vorredner hatten, können Sie auch an seine Ausführungen anknüpfen. Damit stellen Sie Ihre Präsentation in einen größeren Zusammenhang. Dem Zuhörer wird deutlich, wo Sie sich gedanklich und inhaltlich befinden, und er kann sich gut orientieren. Die Methode funktioniert aber nur, wenn Sie einen interessanten Vorredner hatten, sonst kann sich der Bezug auch negativ auswirken. Sie müssen natürlich flexibel reagieren, wenn Sie nicht genau wissen, worüber Ihr Vorredner sprechen wird. In diesem Fall müssen Sie den Anknüpfungspunkt erst suchen. Wer lieber alles genau vorbereitet, sollte also die Finger von dieser Methode lassen. Carola Müller könnte an ihren Kollegen anknüpfen, der das letzte Mal so sehr überzeugt hat. Wenn es thematisch passt und Sie mutig sind, kündigen Sie doch einmal an, dass Sie dem Vorredner widersprechen oder dessen Ausführungen widerlegen werden. Eine solche „Kampfansage“ birgt natürlich Risiken. Schließlich könnten die eigenen Argumente schlechter sein als die des Gegners.

Paradoxe Handlung oder Aussage

Dieses Stilmittel können wir nur empfehlen. Es erfordert zwar meist etwas mehr Vorbereitung, zeigt aber eine beeindruckende Wirkung.

Die Autorin des Buches hat dieses Stilmittel zum ersten Mal bei einem Vortrag kennen gelernt, der das Thema hatte: „Braucht der Mittelstand eine moderne Unternehmensführung?" Der Redner sprach vor mittelständischen Unternehmern, die eher skeptisch waren und ihm nicht gerade wohlwollend gegenüberstanden. Dieser Redner trat also nun zum Pult und erklärte: „Meine sehr verehrten Damen und Herren, ich wurde gebeten, etwas zu dem Thema 'Braucht der Mittelstand eine moderne Unternehmensführung?' zu referieren. Ich sage: Ja!" Und mit diesen Worten verließ er das Pult wieder und setzte sich. Natürlich entstand schnell eine große Unruhe im Raum. Einen Augenblick später stand der Redner wieder auf, trat zum Mikrophon und fuhr fort: „Lassen Sie mich Ihnen meinen Standpunkt verdeutlichen!"

Tun Sie etwas Unerwartetes – und Ihnen ist die Aufmerksamkeit aller gewiss. Wichtig ist nur, dass Sie sich sicher fühlen und Ihre „Geschichte" zu Ende gedacht haben. Nichts ist schlimmer als eine Anekdote, die kein Ende nimmt bzw. vom Thema wegführt. Wie für so viele Punkte vorher gilt auch hier: Nehmen Sie sich für die Vorbereitung Ihrer Einleitung Zeit. Nur wenige besitzen die Spontaneität und Souveränität, sich einen runden Einstieg in den letzten Sekunden vor der Präsentation zu überlegen.

Ob Sie zuerst Ziel, Inhalt und Gliederung darstellen und dann ein Stilmittel zur Steigerung der Aufmerksamkeit anwenden oder umgekehrt, hängt vom Thema und von Ihnen ab. Eine Faustregel gibt es nicht. Manchmal ist es durchaus sinnvoll, gleich mit einem Paukenschlag zu beginnen und dann erst zu begrüßen.

Die Aufmerksamkeit sichern

Wenn Sie erreichen wollen, dass Ihr Publikum ganz Ohr ist, bereiten Sie sich sehr gut vor! Nur ein Fehler und Sie können den positiven Ersteindruck vergessen. Machen Sie sich klar, mit welcher Art von Publikum Sie es zu tun haben. Wenn Sie sich nicht sicher sind, ziehen Sie unbedingt jemanden zu Rate, der das Auditorium besser kennt. Erst dann entscheiden Sie sich für eine der aufgeführten Methoden.

Wenn Sie mit Humor arbeiten wollen, testen Sie den Witz oder was auch immer Sie erzählen oder zeigen wollen an einer Person oder mehreren Personen, die Ihrem Auditorium möglichst ähnlich sind. Nur wenn Sie eine positive Reaktion erhalten, haben Sie die richtige Einleitung gewählt. Ein Witz muss flüssig vorgetragen werden. Nichts ist peinlicher als eine vorweg genommene oder vermasselte Pointe.

Fangen Sie bloß nicht so an

Manche Redner meinen, eine Entschuldigung sei ein exzellenter Einstieg: „Eigentlich bin ich ja kein guter Redner ...“ oder „Eigentlich sollte heute Frau Meier reden, aber die ist krank, so dass Sie mit mir vorlieb nehmen müssen“ oder „Ich habe leider eine Erkältung, hoffentlich hält meine Stimme!“ oder „Ich hatte leider zu wenig Vorbereitungszeit!“. Mit solchen Äußerungen versuchen die Redner die Erwartungen an die Präsentation so klein wie möglich zu halten. Wie wollen Sie dann noch überzeugen? Der Zuhörer denkt: „Na das kann ja heiter werden!“ und nimmt sofort die Präsentation nicht mehr so ernst, wie er sollte. Sind Sie wirklich erkältet, dann bitten Sie die Zuhörer, sich weiter nach vorne zu setzen, damit Sie nicht so laut sprechen müssen. Sollte eigentlich ein anderer Kollege sprechen, entschuldigen Sie diesen offiziell und machen Sie deutlich, dass Sie sich mit dem Thema ebenso gut auskennen. An dieser Stelle appellieren wir vor allem an die weiblichen Präsentierenden. Häufig genug passiert es, dass

Frauen weniger ernst genommen werden als Männer. Machen Sie es nicht noch schlimmer, indem Sie sich selbst klein machen!

Vermeiden Sie auch geschraubte Floskeln wie: „Es ist mir eine außerordentliche Ehre ...!“ oder „Wir sind hier und heute zusammengekommen ...!“ oder auch „Ich möchte mich noch einmal vor allem bei Herrn/Frau XY für die Möglichkeit bedanken ...!“ Meistens reicht eine einfachere Formulierung, z. B.: „Ich freue mich, Sie heute hier begrüßen zu können (nicht dürfen!).“ oder „Dieser Tag ist ein besonderer Tag für mich, weil unser Kollege sein 25-jähriges Jubiläum feiert!“ oder „Es ist mir sehr wichtig, Ihnen mein Konzept vorstellen zu können!“ Tragen Sie nicht zu dick auf. In den wenigsten Fällen ist das wirklich notwendig. Außerdem ist es nicht zeitgemäß.

Auf Nummer sicher gehen

Bereiten Sie Ihre Einleitung sehr genau vor, lernen Sie sie am besten auswendig. Nur dann können Sie vermeiden, in eine der Fallen zu tappen. Gerade Entschuldigungen rutschen jedem schnell heraus, wenn er sich unsicher fühlt. Eine gut geübte Einleitung wird Ihnen auch helfen, die erste Unsicherheit zu überwinden.

Zusammenfassung

Insgesamt sollte die Einleitung nur 10 % Ihrer Präsentationszeit in Anspruch nehmen. Bei einer einstündigen Präsentation können das also schon einmal fünf bis sechs Minuten sein. Das mag Ihnen vielleicht viel vorkommen. Bedenken Sie aber, dass im Anschluss Ihrer Einleitung alle Zuhörer bestens orientiert sind und das Kommende mit Spannung erwarten.

Ich habe oft in Trainings erlebt, dass Teilnehmer die Einleitung ihrer Präsentation nicht ausformulierten und daher in nicht enden wollendes Geplaudere verfielen. Befolgen Sie daher den folgenden Rat.

Die Einleitung proben

Proben Sie die Einleitung Wort für Wort! Sie sollte Ihnen wie ein altbekanntes Kinderlied von den Lippen gehen! Wenn man Sie nachts weckt, sollten Sie die Einleitung spontan aufsagen können! Das verbessert nicht nur den Ersteindruck, es gibt Ihnen auch die Sicherheit, dass Sie sich nicht schon im ersten Satz verhaspeln und Ihre Nervosität durchschlägt.

Nun können wir uns endlich der eigentlichen Präsentation zuwenden, dem Hauptteil. Die Überleitung von der Einleitung zum Hauptteil ist denkbar einfach: Reden Sie! Verzögern Sie nicht unnötig. Es kommt in der Regel sehr schlecht an, wenn Sie in der Einleitung nicht auf den Punkt kommen und Ihre Anekdoten, Slogans oder Überleitungen gar nicht mehr enden wollen. Beginnen Sie Ihre Argumentation beispielsweise mit dem Satz „Ausgangspunkt meines Konzeptes war die folgende Überlegung ...“ oder: „Um Sie nachhaltig vom Nutzen meines Konzeptes zu überzeugen, möchte ich Ihnen zunächst beschreiben, wie ...“

Einfach überzeugend: der Hauptteil

So weit so gut, denkt sich Carola Müller und setzt sich zu ihrem Kollegen Berger. „Jetzt habe ich mir eine knackige Eröffnung zurechtgelegt. Die Überleitung ist auch kein Problem. Aber eins lässt mich nicht los: Ich hatte in meiner Präsentation doch so viel Wichtiges zu sagen, konnte damit aber niemanden beeindrucken. Bei unserem lieben Kollegen Hofer hörte sich alles viel bedeutender und überzeugender an. Und dann fing er in der anschließenden Diskussion auch noch an, meine Argumente zu zerlegen! Das war ja schon fast eine Auseinandersetzung! Ich glaube, ich brauche bessere Argumentationsstrategien. Ein wenig Schlagfertigkeit könnte auch nicht schaden. Außerdem sollte ich schleunigst lernen, besser mit Einwänden und Angriffen auf meine Argumentation umzugehen."

„Das stimmt", meint Manfred Berger, „da kannst du von Uwe Hofer was lernen. Unser lieber Kollege hatte einfach eine klasse Dramaturgie. Seine Argumente bauten schlüssig aufeinander auf. Alles schien wasserdicht und konsequent. Und er hat sich eben auch überlegt, wie er deine Position von vornherein aushebeln kann. Aber mach dir keine Sorgen. Wenn du die richtigen Argumentationsstrategien kennst und richtig einsetzt, hat unser lieber Hofer nichts mehr zu lachen!"

Manfred Berger kann der Selbstkritik seiner Kollegin Carola Müller nur zustimmen. Was nutzen präzise Ziele, ein stimmiger inhaltlicher Aufbau oder eine wirksame Eröffnung, wenn es dann in der eigentlichen Präsentation klemmt? Wenn einzelne Argumente nicht greifen oder sie nicht zu überzeugenden Ketten verknüpft sind? Wenn es der Gegenposition zu leicht fällt, dem Präsentierenden in die Parade zu fahren?

In diesem Kapitel beschäftigen wir uns daher mit der wichtigen Frage, wie Sie Ihre Zuhörer überzeugen. Wir werden sehen, dass eine durchdachte Argumentation und der geschickte Umgang mit Einwänden dabei eine entscheidende Rolle spielen. Wir stellen Ihnen einige Strategien und Taktiken vor, mit deren Hilfe Sie Ihre Zuhörer für sich und Ihre Sache gewinnen. Außerdem lernen Sie Ihre sprachlichen Ausdrucksfähigkeiten und Ihre Schlagfertigkeit zu trainieren.

Die Grundprinzipien der Argumentation

In der Argumentation geht es vereinfacht gesprochen immer darum, Behauptungen zu begründen, als gültig zu definieren oder zu beweisen. Wäre der Beweis augenscheinlich oder im Raum präsent, müsste der Präsentator ja keine Mühe darauf verwenden, in seiner Überzeugungsarbeit eben diese Aufgabe zu leisten. Dann ginge es lediglich um die Information der Zuhörer. Dabei unterscheiden wir zwei Arten von Behauptungen: Zum einen sind dies

1. Gesetze und Erkenntnisse, Ausgangstatsachen, Hypothesen und Annahmen, zum anderen sind dies
2. Forderungen, Folgerungen, Ableitungen.

In der Argumentation – ob nun im Rahmen einer Präsentation oder einer Diskussion – geht es immer um den Beweis einer dieser zwei Arten von Behauptungen. Beweisen heißt dabei im Grunde

- logisch widerspruchsfrei folgern oder
- augenscheinlich (evident) zeigen.

Aussagen lassen sich durch **Autorität** begründen oder als gültig definieren, d. h. Urteile sind durch Werte oder Normen gesichert. Normen entspringen entweder einer alleinigen Autorität (Dogma, Führung) oder – wie im Falle der Demokratie – einem gesellschaftlichen Konsens (Gültigkeit durch Mehrheit). Vernunft ist bei autoritätsbegründeten Aussagen nicht notwendig. Aussagen lassen sich ebenfalls begründen oder als gültig definieren durch **Argumentation** auf der Basis von Vernunft und Logik. Dies ist im Übrigen der Gegenstand der Dialektik (altgriechisch dialegistai = sich auseinandersetzen); sie bildet einen Gegenpol zur Autorität, indem Widerspruch bzw. die Widerspruchsmöglichkeit bewusst in den Vordergrund gerückt wird.

Natürlich konzentrieren wir uns in unserem Ratgeber auf die Argumentation als solche. Es wäre zwar sicher sehr reizvoll, über eine alleinige Autorität (Führung) zu verfügen oder sogar den gesellschaftlichen Bildungsprozess von Werten und Normen steuern zu können, dies dürfte uns im Sinne der Entwicklung Ihrer Präsentationstechnik aber kaum weiter bringen.

Was bedeutet das für die Präsentation von Carola Müller? In ihrem Konzept zur Reorganisation kann es – wenn sie die Geschäftsführung von ihrem Weg überzeugen möchte – nur darum gehen, argumentativ vorzugehen. Und dabei wird es zum einen nötig sein, Ausgangstatsachen, Annahmen oder Hypothesen zu beweisen oder evident zu zeigen: Gibt es wirklich mehr Schnittstellen im Vertrieb als nötig? Sind tatsächlich Kunden von den Konsequenzen betroffen? Kann der Vertrieb wirklich noch effizienter arbeiten? Führt eine erhöhte Flexibilität im Vertrieb auch tatsächlich zu mehr Kundenzufriedenheit? Zum anderen muss Carola Müller ihre Folgerungen, Forderungen oder Ableitungen stichhaltig darlegen: Kann das dargestellte Konzept nun wirklich die eben als gültig definierten Annahmen aus der Welt schaffen oder doch zumindest nachhaltig verändern? Ist die Forderung nach Reorganisation schlüssig? Oder wäre es nicht folgerichtiger, einfach die Kunden neu zu segmentieren? Sie sehen, es ist nicht so einfach, hier die richtige Antwort zu finden.

Lernen Sie von anderen

Sie sehen, zur Argumentation als solcher könnte bequem auch ein eigener Ratgeber hinzugezogen werden mit vielleicht dem Titel „Dialektik – die Kunst des zielführenden Disputs“. Was wir aber an dieser Stelle bezwecken, ist Folgendes: Dass Sie in Ihren Argumentationsstrategien diese oder jene Behauptung, Annahme oder Folgerung intuitiv so gründlich wie eben möglich beweisen, steht außer Frage. Die meisten von uns sind aus den arbeitsalltäglichen Gesprächen und Diskussionen so geschult, dass dies häufig schnell und unproblematisch vonstatten geht. Aber gerade das macht es im Training und der eigenen Weiterentwicklung ja so schwer! Wie soll man Dinge trainieren, die häufig so schnell und unbewusst ablaufen, dass schon allein darüber zu sprechen, was nun die eigenen Erfolgsfaktoren sind, unglaublich schwer fällt?

Und um genau dies zu erleichtern, führen wir an dieser Stelle das Thema etwas aus. Deshalb ist es notwendig, über das Wesen einer Behauptung oder eines Beweises nachzudenken oder eine Beweisführung zu beleuchten. Wir möchten mit Ihnen in diesem wichtigen Kapitel nicht auf der Ebene bloßer Tipps stehen bleiben. Unsere Erfahrung zeigt, dass Menschen zwar schlagfertiger werden, wenn sie möglichst viele „Tipps" auswendig gelernt haben, welche Argumente in welchen Situationen gut „funktionieren". Leider gibt ihnen das noch nicht das Werkzeug an die Hand, das eigene Argumentationsverhalten (und das anderer!) wirklich zu durchschauen und zu reflektieren. Das ist aber die Voraussetzung für selbstgesteuertes Lernen.

Wir möchten Sie ausdrücklich ermuntern, sich mit den dialektischen Aspekten einer Präsentation auseinander zu setzen: Wenn Sie jemandem zuhören, der Ihrer Ansicht nach sehr überzeugend argumentiert, hören Sie genau hin: Wie macht er das? Was sind seine Strategien? Wie ordnet er Annahmen, Folgerungen oder Hypothesen? Wie gelangt er zu einer schlüssigen Argumentationskette? Überzeugt er oder überredet er nur? Analysieren Sie, so oft Sie die Gelegenheit haben!

Um zu überzeugen und nicht nur zu überreden, müssen Sie Ihre Auffassungen und Positionen durch Argumente stützen. Was passiert, wenn Sie diese Voraussetzung nicht beherzigen, ist Ihnen sicherlich klar: Ihre Aussagen werden abqualifiziert als bloße Behauptung oder Meinungsmache, Sie verlieren die Argumentation und – wenn dies häufiger Ihr Vorgehen sein sollte – in der Folge auch Ihre Reputation als ernst zu nehmender Diskussionspartner.

Was ist überhaupt ein Argument?

„Argument" heißt auf Deutsch: Erhellen, beweisen = Erkenntnis, Beweis. Argumente sind das, was Behauptungen und Meinungen stützt, worauf diese sich gründen. Argumentation ist eine Rede, die Aussagen, Meinungen und Behauptungen verneint oder bejaht.

Argumente bestehen aus so genannten Prämissen und Konklusionen. Das einzelne Argument besteht aus einem Bündel bzw. einer Serie von Aussagen. Konklusionen sind die Zielüberzeugungen, sie sind das, wofür überzeugt wird. Prämissen sind die Ausgangspunkte der Argumentation. Sie sind das, woher argumentiert wird. Gültige (also in unserem Sinne „gute“) Argumente führen von „wahren“ Prämissen zu „folgerichtigen“ Konklusionen. Der Einwand „Das folgt nicht daraus!“ greift die Konklusion an. „Das ist nicht wahr!“ greift die Prämissen an.

Eine gelungene Argumentation verläuft in der Regel in drei Schritten, deren Reihenfolge allerdings variieren kann:

1. These, plausible Ausgangstatsachen
2. Indizien, Untersuchungen, Ausgangssituation
3. Schluss, Folgerungen

In Schritt 1 und 2 verbergen sich Ihre Prämissen, Schritt 3 stellt Ihre Konklusion dar. Eine zielführende Argumentationskette geht also von Ihrer These, Meinung oder Ihrem Standpunkt aus, führt hin zu den Untersuchungen, Indizien, „Beweisen“ (obwohl ein Messergebnis, eine Grafik für sich noch kein Beweis sein können) und endet mit Ihrem Schluss, der Folgerung also, die Sie persönlich aus Schritt 1 und 2 ziehen. In einem späteren Teil dieses Kapitels werden wir noch andere Formen der Beweisführung kennen lernen, die je nach Gegenstand der Rede noch effektiver sind.

„Mein lieber Manfred“, seufzt Carola Müller, „jetzt mach erst mal einen Punkt! Mir wird schon ganz schwindelig von deinen Fremdwörtern! Ich bin ja sehr dafür, dass du mir argumentativ auf die Sprünge hilfst, aber geht's nicht auch etwas praktischer?“ „Schon gut“ beruhigt Manfred Berger seine Kollegin, „wir üben das an deiner eigenen Präsentation. Du wolltest doch davon überzeugen, dass die Reduktion der Schnittstellen zu weniger Reibungsverlusten führt, hierdurch steigt die Effizienz und das wiederum sorgt für bessere Vertriebsergebnisse, oder?“ „Klar, das habe ich gesagt!“ „Eben. Du hast es gesagt, genau so, nicht mehr und nicht weniger. Aber wenn du es komprimiert und schlüssig hergeleitet hättest, wäre man viel leichter auf deine Seite geschwenkt. Du hast behauptet, aber nicht begründet oder evident gezeigt. Wo waren denn deine Prämissen? Hast du denn gezeigt, dass die Schnittstellen tatsächlich Reibungsverluste erzeugen? Hast du denn belegt, dass der Vertriebsaußendienst tatsächlich von Reibungsverlusten im Innendienst beeinflusst wird? Und – sorry,

aber ich muss dir das so direkt sagen – wo hast du deutlich gemacht, dass nun ausgerechnet dein Konzept die logische Antwort darauf ist, deine Konklusion also unausweichlich richtig ist?"

Langsam versteht Carola Müller, wo ihre Fehler lagen. Sie hat keine überzeugende Argumentationsfigur aufgebaut. Zwar hat sie einzelne Argumente genannt, Daten vorgestellt und Folgerungen präsentiert. Doch ein innerer Zusammenhang war nicht zu erkennen, daher entfaltete ihre Präsentation keine Durchschlagskraft. Mit bloßen Behauptungen und Ansichten sind kritische Zuhörer selten zu gewinnen. Ihr Kollege Hofer war tatsächlich besser, denn in seiner Präsentation folgte ein Argument auf das andere und es entstand so etwas wie ein Sog, der dem Zuhörer kaum eine andere Wahl ließ, als sich überzeugen zu lassen.

„Und eins kommt natürlich erschwerend hinzu," ergänzt Manfred Berger, „deine Argumentation war deshalb so einfach anzugreifen. Man konnte deinen Argumentationsweg sowohl formal (`Woraus folgern Sie denn das, werte Kollegin?') als auch inhaltlich angreifen (`Auf welcher Grundlage basiert denn nun wieder diese Folgerung? Schon Ihre Annahme ist doch schlichtweg unrichtig, Frau Müller!'). Aber zu den Einwänden kommen wir später, lass uns erst einmal etwas trainieren." Aufmunternd nickt Manfred Berger seiner Kollegin zu.

So bauen Sie eine Argumentationsfigur auf

Um den Aufbau einer guten Argumentation zu üben, machen Sie die folgende Übung. Sie erlernen das bereits erwähnte Grundschema einer Argumentationsfigur (Statement), das in der Dialektik auch mit dem Begriff „3-Satz" bezeichnet wird:

1. These oder eigener Standpunkt, plausible Ausgangstatsachen
2. Indizien, Untersuchungen, Ausgangssituation
3. Schluss, Folgerungen

BUS

Als Kurzformel können Sie sich auch das Wort **BUS** merken, wobei

B für Behauptung,

U für Untermauerung und

S für Schluss steht.

„Hör zu," sagt Kollege Berger, „ich mache es dir einmal vor:

(B) Ich behaupte, dass unser Vertriebsaußendienst durch Reibungsverluste im Innendienst in seiner Marktbearbeitung negativ beeinflusst wird!

(U) Das liegt aus folgenden Gründen auf der Hand: Die durchschnittliche Reaktionszeit auf Kundenanfragen aus dem Backoffice beträgt über 9 Tage! Die Reklamationsquote ist im letzten Jahr um 24 % gestiegen! Nahezu alle Außendienstkollegen sehen eine Verschlechterung der Dienstleistung als gegeben!

(S) Daher kann ich nur zu dem Schluss kommen, dass die Leistungsfähigkeit des Innendienstes erhöht werden muss!"

„O.k.," räumt Carola Müller ein, „das klingt tatsächlich sehr stringent. Das muss man ja abnicken." „Das klingt nicht nur stringent", lächelt ihr Arbeitskollege, „es ist auch stringent."

Nun sind Sie dran, liebe Leserin, lieber Leser: Formulieren Sie so viele Statements, bis Ihnen die Folge von Behauptung - Untermauerung - Schlussfolgerung flüssig gelingt. Dabei kann der erste Schritt auch nur eine These sein, die mehr oder minder neutral im Raum steht und zu der Sie dann erst einen eigenen Standpunkt formulieren:

„Nun, in Rede steht hier eine eventuell notwendige Reorganisation des Vertriebs. Nach meinem Dafürhalten ist es in keiner Weise sinnvoll, dies gerade jetzt in Angriff zu nehmen. Lassen Sie mich meinen Standpunkt begründen. (...) Und Sie sehen, liebe Kollegen, letztlich kommen wir gar nicht umhin, zunächst das neue EDV-System einzuführen!"

Denken Sie an alltägliche Situationen bei der Arbeit, an Ihre Familie oder auch an die Freizeit: Behaupten Sie! Formulieren Sie drauflos! Dann untermauern Sie! Was spricht dafür? Und jetzt folgern Sie! Natürlich in Ihrem Sinne: Da kann man doch nur zu diesem oder jenem Schluss kommen!

ÜBUNG: EINE ARGUMENTATIONSFIGUR (STATEMENT) BILDEN

1. (B) These oder eigener Standpunkt, plausible Ausgangstatsachen:

   „Ich behaupte ..."

   „Nach meiner Überzeugung ..."

   „Zu entscheiden ist hier ..."

2. (U) Indizien, Untersuchungen, Ausgangssituation:

   „Dafür spricht doch zweifelsohne ..."

   „Als Grund anzuführen ist hier ..."

   „Betrachten Sie doch allein nur die ..."

3. (S) Schluss, Folgerung:

   „Das führt doch zwingend zu ..."

   „Letztlich bleibt nur übrig ..."

   „Demnach ist zunächst notwendig ..."

Vergessen Sie nicht Ihren eigenen Standpunkt! Sehr häufig hören wir in unseren Seminaren Statements, die erst am Schluss eine Vermutung darüber zulassen, wofür der Redner steht! Damit ist die Wirkung eines Statements – also Ihrer Argumentationsfigur - natürlich verpufft.

Nun sind Sie geübt im logischen Gebrauch von Prämissen und Konklusionen. Sie gelangen vom eigenen Standpunkt über die Prämissen hin zur Schlussfolgerung, zur Konklusion. Das macht Ihre Argumentation stringent und damit erfolgreich.

Wie Sie die Argumente anderer entkräften

Wer erst einmal weiß, wie man eine Argumentationsfigur aufbaut, kann die Argumentationsfiguren anderer natürlich recht gut angreifen. Prinzipiell lassen sich zwei Angriffspunkte unterscheiden:

- Formaler Einwand: Die Prämissen mögen richtig sein, aber der Argumentationsweg ist nicht korrekt, deshalb stimmt die Schlussfolgerung nicht.
- Inhaltlicher Einwand: Die Prämisse ist falsch.

Das bedeutet, Sie müssen in der Argumentation des Gegenübers ständig nach den Prämissen und Konklusionen suchen! Sind die Prämissen Ihrer Ansicht nach nicht korrekt, dann haken Sie ein und widersprechen. Folgt Argument C nicht aus B und/oder das wiederum nicht aus A, so ist der Argumentationsweg nicht korrekt und die Konklusion ungültig. Dann attackieren Sie also hier.

EIN BEISPIEL AUS DER PRAXIS :

Verkäufer:	*Ich empfehle Ihnen dieses Auto. Es ist schnell, komfortabel und langlebig.*
Kunde:	*Nein, ich nehme das nicht, das ist zu teuer.*
Verkäufer:	*Wieso teuer?*
Kunde:	*Er kostet so und soviel. Andere Autos sind billiger.*
Verkäufer:	*Was heißt für Sie zu teuer?*
Kunde:	*Teuer ist für mich ein Auto über ... Euro Anschaffungswert.*

Verkäufer:	Wenn Sie teuer so definieren, haben Sie sicher recht, dann ist das Auto teuer. *Würden Sie denn auch sagen, dass das Auto teuer wäre, wenn Sie wüssten, dass Sie es für... Euro sicher weiterverkaufen könnten?*
Kunde:	*Nein!*
Verkäufer:	*Warum nicht?*
Kunde:	*Weil ich dann ja etwas an ihm verdiene.*
Verkäufer:	*Damit sagen Sie aber, dass teuer nicht eine Frage der absoluten Höhe des Preises ist, sondern der relativen: Etwas ist relativ teuer zu seinem Nutzen oder nicht. Teuer ist das schlechte Preis-Leistungs-Verhältnis. Damit müssen wir dieses Auto nochmals unter dem Blickwinkel der Leistungen anschauen ...*

nach E. Dihsmaier

Was genau ist hier passiert? Der Kunde verfolgt in seinem Kaufverhalten zunächst folgende Argumentation: Ein Auto über ... Euro Anschaffungspreis ist teuer (Prämisse 1). Wenn diese Summe überschritten ist, nehme ich das Auto nicht (Prämisse 2). Da dies hier der Fall ist, kaufe ich das Fahrzeug nicht (Konklusion). Die Argumentation ist formal betrachtet richtig, wenn die Aussagen der Prämissen denn tatsächlich gültig sind. Daher greift der Verkäufer auf recht subtile Weise die Prämissen an. Er baut eine Parallelargumentation auf und zeigt dem Kunden, dass die gewählten Prämissen die vom Kunden formulierte Konklusion nicht stützen. Er zeigt dem Kunden, dass bereits der Prämisse eine Argumentation zu Grunde liegt, diese also selbst bereits eine Konklusion ist und legt sie offen. „Was heißt teuer?“ Der Kunde hatte „teuer“ offenbar so definiert: „Wenn ich viel ausgebe und wenig dafür erhalte, ist das teuer (Prämisse 1). Das ist hier offenbar der Fall (Prämisse 2). Daher ist das Auto teuer (Konklusion).“ Diesen quasi verborgenen Argumentationsweg hat der Verkäufer offen gelegt und konnte so zeigen, dass die Konklusion des Kunden („Ich nehme das Auto nicht!") auf der ungültigen Prämisse 2 beruht (denn in der Tat erhält der Kunde für sein Geld ja allerhand und er kann durch Wiederverkauf einiges wieder zurückgewinnen). Und so geht der Verkäufer gemeinsam mit dem Kunden wirklich an den Ausgangspunkt seiner Argumentation zurück und kann darauf möglicherweise eine ganz neue Kette aufbauen, die den Kunden doch noch zum Kauf bewegt.

Überprüfen Sie Prämissen und Schlussfolgerungen

Natürlich sind die Gegenangriffe in der Praxis meist deutlich direkter. Dort hört man dann Ausrufe wie „Das stimmt ja nun so nicht, Herr Kollege!" Oder „Da kenne ich aber ganz andere Meinungen!" Diesen Angriffen können Sie beispielsweise mit geschickter Fragetechnik begegnen, doch dazu später mehr.

Am Beispiel des Autoverkäufers können Sie gut nachvollziehen, wie wichtig es ist, genau hinzuhören und nach Prämissen und Konklusionen zu forschen. Das machen die meisten von uns intuitiv bereits recht gut, doch die nachhaltige und bewusste Verbesserung der eigenen Technik funktioniert ja bekanntlich erst dann, wenn man sie selbst in der Praxis erprobt und ihr Funktionieren reflektiert hat.

Hier die Abfolge aller Schritte, die Sie für eine Gegenargumentation benötigen:

1. Argumentation
2. Herauslösen der Argumentationsstruktur
3. Abstraktes Schema der Argumentation
4. Test und Gegenbeispiel
5. Widerlegung

Nachdem Sie die gegnerische Argumentation erfasst haben (1), lösen Sie die Argumentationsstruktur heraus (2), prüfen diese als abstraktes Schema (3) an einem anderen Beispiel (4) und widerlegen sie dadurch (5).

Praxisbeispiele und Übung

Beispiel 1

1. Argumentation

Alles nämlich, was ich bisher für wahr angenommen habe, habe ich durch die Sinne oder durch Vermittlung der Sinne empfangen. Nun aber bin ich dahinter gekommen, dass diese uns bisweilen täuschen, und es ist ein Gebot der Klugheit, niemals denen ganz zu trauen, die auch nur einmal uns getäuscht haben. Aber vielleicht hat Gott nicht gewollt, dass ich mich so täusche, heißt er doch der Allgütige? – Allein, wenn es mit seiner Güte unvereinbar wäre, dass er mich so geschaffen hat, dass ich mich stets täusche, so schien es doch ebenso dieser Eigenschaft entsprechend, dass ich mich bisweilen täusche, welch letzteres sicherlich doch der Fall ist.

R. Descartes in seinen Meditationen

2. Konstruktion der Argumentation

- Konstruktion der Argumentation 1
  Meine Sinne trügen mich manchmal. Deshalb kann es sein, dass mich meine Sinne immer trügen.

- Konstruktion der Argumentation 2
  Gott lässt manchmal zu, dass ich mich täusche. Deshalb kann es sein, dass Gott immer zulässt, dass ich mich täusche.

3. Abstraktes Schema

- Konstruktion der Argumentation 3
  X ist manchmal F. Deshalb kann es sein, dass X immer F ist.

4. Gegenbeispiel

Gemälde sind manchmal Fälschungen. Deshalb könnte es sein, dass Gemälde immer Fälschungen sind.

5. Widerlegung

Ihre Grundannahme stimmt, dass nämlich unsere Sinne uns manchmal täuschen. Aber Ihre Schlussfolgerung daraus ist leider falsch, lieber Herr Descartes: Genauso, wie gewisse Gemälde falsch sein können, können doch nicht alle Gemälde Fälschungen sein. Von irgendwo muss ja abgemalt werden. Also ist Ihre Überlegung leider nicht richtig: Auch wenn Sie sich manchmal irren, kann es doch nicht sein, dass alles nur Irrtum ist.

Nach E. Dihsmaier

Dies ist zugegebenermaßen ein zunächst etwas anspruchsvolles Vorgehen, da es in der Anfangsphase ein hohes Maß an Analyseaufwand bedeutet. Ihnen persönlich wird dieses Gegenargumentationsmodell nach der Einarbeitung eine gute Hilfe sein, die Argumentationsfigur Ihres Gegenübers (seien es nun Verkäufer, Kollegen oder andere) strukturiert zu zerlegen und Ihre eigene Position zu stärken. Es trainiert Sie in der schnellen Analyse von Argumentationsfiguren und fördert so Ihre Schlagfertigkeit.

Zur leichteren Handhabbarkeit noch ein weiteres Praxisbeispiel und eine kleine Übung für Sie.

Beispiel 2:

Sie kennen sicherlich noch die Werbung einer großen deutschen Tankstellenmarke, deren Farbe Richtung blau tendiert. In diesem Spot möchte ein Mann in einem Autohaus ein Auto erstehen und schaut wie beiläufig in die Kofferräume der angepriesenen Fahrzeuge. Erst als er eines findet, in dessen Kofferraum sich ein Reservekanister besagter blauer Tankstellen findet, stimmt er dem Kauf spontan zu. Die Marke des Fahrzeugs ist offenbar nicht relevant. Dieser sympathische Mann dürfte in etwa folgende Argumentation verfolgen:

1. Argumentation

„Wenn ich ein Auto finde, dass immer besagten Kraftstoff getankt hat, werde ich damit sicher ein Fahrzeug finden, dessen Motor noch lange lebt. Ich weiß, dass den Autos, die ich bislang fuhr, dieser Kraftstoff zu Langlebigkeit verholfen

hat. Daher ignoriere ich alle anderen Details und kaufe nur das Auto, welches mit diesem Kraftstoff betankt wurde.“

Bevor Sie nun weiterlesen, versuchen Sie die Argumentation zu analysieren.

ÜBUNG: EINE ARGUMENTATIONSFIGUR ATTACKIEREN

Analysieren Sie den Gedankengang.

Was fällt Ihnen bereits intuitiv auf? Was stört Sie schon von Ihrem Sprachgefühl her?

Identifizieren Sie die Schlussfolgerung, abstrahieren Sie: Es muss etwas sein wie „Was einmal gilt, gilt immer“.

Suchen Sie ein Gegenbeispiel und widerlegen Sie. Es kann doch nicht gültig sein, dass einmalige oder begrenzte Ereignisse die Garantie dafür sind, dass es immer funktioniert!

2. Rekonstruieren Sie die Argumentation

Argumentation 1:
In diesem Kofferraum befindet sich ein blauer Reservekanister der bestimmten Marke. Also wurde nur dieser Kraftstoff eingefüllt.

Argumentation 2:
Meine Autos fuhren mit diesem Kraftstoff sehr lange. Deshalb kann es sein, dass alle Fahrzeuge mit diesem Kraftstoff sehr lange fahren.

3. Finden Sie ein abstraktes Schema

Argumentation 3
Da X einmal galt, wird X immer wieder eintreten.

4. Konstruieren Sie ein Gegenbeispiel

„Der Fotoapparat, der Sie in der letzten Radarkontrolle abgelichtet hat, war defekt. Sie und Ihr Kennzeichen waren nicht zu erkennen. Daher kann es sein,

dass Sie immer ungeschoren davon kommen, wenn Sie bei überhöhter Geschwindigkeit fotografiert werden."

5. Widerlegen Sie die Argumentation

„Lieber Autokäufer, ich verstehe gut, dass Sie einen verlässlichen Qualitätsbeweis beim Kauf Ihres Gebrauchten suchen. Allein, der Schluss, den Sie aus dem Einzelergebnis Ihrer Erfahrung und dem Vorfinden eines bestimmten Reservekanisters ziehen, ist nicht gültig! Genauso wie sich derjenige, der einmal ungestraft der Verkehrskontrolle entschlüpft, doch nicht auf dieses Glück verlassen kann! Daher liegen Sie falsch, lieber Autokäufer: Irgendwann müssen die Geräte ja funktionieren, von irgendwoher müssen ja die vielen Punkte kommen, die in Flensburg gezählt werden."

Das Beispiel macht deutlich, wie häufig Ihnen in der Praxis ungültige Argumentationsfiguren begegnen können und wie Sie durch eine stringente Gegenargumentation überzeugen können.

Wie Sie Kritik in Ihren Vortrag einbauen

Nun ist es für einen konstruktiven und auch von Wertschätzung getragenen Austausch wichtig, dass Ihre Kritik am Standpunkt des „Gegners" so vorgebracht wird, dass er sein Gesicht wahren kann und sich die Atmosphäre nicht unnötig emotional auflädt. Was können Sie dazu tun? Sie sollten sicherstellen, dass Sie den anderen richtig verstanden haben (gut möglich, dass nicht alles so bei Ihnen angekommen ist, wie es gemeint war), den Standpunkt des Gegners respektieren und Ihre eigene Argumentation annehmbar platzieren. Das führt uns zu einem Grundschema der Kritik, das Ihnen helfen wird, im verbalen Schlagabtausch kritisch, aber konstruktiv zu agieren. Es besteht aus folgenden Schritten:

1. Den Standpunkt des anderen wiedergeben

- Paraphrasieren,
- mit eigenen Worten die Position des anderen wiederholen.

2. Bewerten und Kritik üben

- Die Ausführungen des anderen unter gewissen Hinsichten werten und würdigen,
- Fehler in der Argumentation des anderen aufzeigen und Wünsche hinsichtlich des Gesagten und Vorgebrachten äußern.

3. Alternativen vorschlagen

Carola Müller könnte im Schlagabtausch mit ihrem Kollegen Hofer etwa wie folgt argumentieren:

„Wenn ich Sie richtig verstanden habe, Herr Hofer, gehen Sie davon aus, dass die Erneuerung des derzeitig vorhandenen EDV-Systems einen wesentlich größeren Beitrag zur Effizienzsteigerung in der Marktbearbeitung leisten kann als der von mir favorisierte Reorganisationsprozess. Nun, ich kann gut verstehen, dass das aus Ihrer Sicht als Leiter des Ressorts EDV/Orga ein plausibler Vorschlag ist. Gleichwohl darf ich darauf hinweisen, dass Ihre Argumentation eklatante Schwächen hat." (Das, liebe Leser, können Sie natürlich auch deutlich unfeiner ausdrücken, je nachdem, welches Echo Sie provozieren wollen. Zu unfairen Taktiken kommen wir später noch.) „Sie behaupten, allein schon die Beschaffung des Systems hätte einen motivatorischen Effekt, der die Vertriebsmitarbeiter zu einer effektiveren Abwicklung der Kundenanfragen bewegen wird. Aber diese Prämisse ist wirklich schwach. Viel häufiger führt doch ein Systemwechsel zu Irritation und Unmut! Deshalb ist auch Ihre Schlussfolgerung falsch! Nach meiner Überzeugung kann nur eine nachhaltige Umstrukturierung den gewünschten Effekt haben! Wie ich ja bereits eingangs zeigte, ..."

Vielleicht fragen Sie sich, warum Herr Hofer in einem recht verbindlichen Ton kritisiert wird. Das hat einen sehr trivialen Grund: Ein Streitgespräch wird vermieden. Wie wir später noch ausführen werden, ist die Eskalation nicht das gewünschte Resultat Ihrer Argumentationskünste. Sicher, Sie könnten dann den Sieg davon tragen – aber auf welche Kosten? Gewinnen lässt sich ein Streitgespräch auf viele Arten. Aber nur die Überzeugung des Gegenübers führt nachhaltig zum Erfolg Ihrer Idee. Sie können sich vorstellen, wie viele Steine und Stöckchen Ihnen jemand in den Weg legen kann, den Sie in der Öffentlichkeit im Streit bezwungen haben. Uns kommt es darauf an, dass Sie Ihre Stärken in der Argumentation so weit ausbauen, dass Sie auf einen unfairen Kampf völlig verzichten können. Eine Argumentation wie auch ein Disput sollten von Konstruktivität und Wertschätzung der Gegenpartei getragen sein.

BEISPIEL

Ein eifriger Verkäufer eines großen Kaufhauses drängt Sie zum Kauf eines bestimmten DVD-Players: „Ich kann Ihnen dieses Gerät nur wärmstens ans Herz legen und rate Ihnen dringend zuzuschlagen! Denn wir haben nur noch wenige Geräte auf Lager und neue kommen nicht mehr!" Als in der Argumentation geübtem Kunden fällt Ihnen natürlich rasch auf, dass der Verkäufer eine fehlerhafte Argumentation verfolgt. Seine Konklusion („Sie sollten demnach also kaufen!") ist nicht gültig abgeleitet. Er geht in seinen (unausgesprochenen) Prämissen u. a. davon aus, dass Sie a) kaufen wollen und b) es nach diesem Gerät kein vergleichbares mehr geben wird.

Was würden Sie also dem eifrigen Mann erwidern?

Beginnen Sie mit: „Sie sind also der Meinung ..."

Fahren Sie fort mit: „Nun, aus Ihrer Sicht nur zu verständlich ... Allerdings kann ich Ihnen da nicht folgen ..."

Und schließen Sie mit: „Mir scheint eher ... Und mein Wunsch ist daher ..."

Die verkürzte Argumentation

Am Argumentationsverhalten des umtriebigen Verkäufers wird ein weiteres Phänomen deutlich, das uns im Alltag häufig begegnet: Die verkürzte Argumentation. Meist argumentieren wir nicht vollständig, sei es aus Bequemlichkeit oder Zeitgründen, sei es aus der Gewissheit heraus, dass unsere Argumentationsfigur tatsächlich schwach ist. Wir nutzen dann so genannte Enthymeme, das heißt, wir lassen meist die Prämissen und Thesen weg.

BEISPIEL

„Du warst wieder nicht pünktlich, also habe ich nicht gewartet."

Die weggelassenen Thesen lassen sich u. U. so formulieren: Wenn einer einen anderen mehrmals warten lässt, so ist davon auszugehen, dass er unpünktlich ist bzw. den anderen voraussehbar (immer) warten lässt. Wenn einer unpünktlich ist, braucht man nicht warten. Man hat dann das Recht zu gehen.

Es liegt auf der Hand, dass im Streitgespräch manchmal diese unausgesprochenen Thesen angegriffen werden müssen. Wenn Sie sich aufmerksam in Ihrer Umgebung umhören, werden Sie auf zahlreiche Enthymeme stoßen. Im Training analysieren wir stets die Enthymeme; Schritt für Schritt lassen sich anhand der Analyse des Videobandes die ausgelassenen Thesen und Prämissen der Teilnehmer nachträglich rekonstruieren. Das erfordert erfahrungsgemäß zunächst einige Mühe, funktioniert dann aber immer schneller, bis die Präsentatoren in der Lage sind, fast automatisch nach Verkürzungen zu suchen, um diese dann attackieren zu können.

Das heißt für Sie, liebe Leser, prüfen Sie sich und andere so oft es geht! Forschen Sie aktiv in den Argumentationen anderer. Nur nachhaltiges Üben wird es Ihnen ermöglichen, diese Kniffe zu verinnerlichen und trotz Anspannung oder während einer Auseinandersetzung umzusetzen. Nehmen Sie sich an beliebigen Tagen vor: „Heute suche ich in jeder Argumentationsfigur, die mir über den Weg läuft, nach Enthymemen!" Nehmen Sie sich an anderen Tagen vor, Kritik zu üben oder Statements zu formulieren. Vergessen Sie nicht: Das lang durchgehaltene Einüben kleiner Verbesserungsschritte macht Sie erfolgreich. Nicht der Wunsch, morgen alles besser zu können.

So führen Sie einen Beweis

Um Ihr Repertoire an argumentativen Möglichkeiten zu komplettieren, unternehmen wir mit Ihnen noch einen weiteren Ausflug in die Kunst der Dialektik. Zwar zeigt die Praxis, dass deren Anwendung im Rahmen einer mehr oder minder konfrontativen Präsentation allein deshalb schwierig ist, weil die meisten Zuhörer oft nicht willens oder geübt genug sind, einen dialektischen Disput zu führen. Eine sehr effektive Technik wollen wir Ihnen dennoch nicht vorenthalten, nämlich die Beweisführung. Mit ihrer Hilfe können Sie

- Ihre Argumentation – wenn gut vorbereitet – auch in kniffligen Präsentationen hieb- und stichfest machen,
- spezifische Botschaften überzeugender platzieren,
- die Argumentation des Gegners schneller entkräften,
- außerdem wird Ihnen ein weiteres Übungsfeld eröffnet, auf dem Sie Ihren argumentativen Scharfblick trainieren können.

Wie gelangen Sie zu Beweisen (Syllogismen)?

In der Dialektik wird „vernünftig" argumentiert, d. h. die eigene Meinung wird auf Grundsätze zurückgeführt und alle für die eigenen Argumente vorausgesetzten Randbedingungen werden transparent gemacht. Wie wir bereits wissen, argumentieren Menschen tendenziell aber eher enthymematisch (verkürzt), d. h. hier werden Randbedingungen der eigenen Argumente als „common sense" vorausgesetzt und die Ableitung des eigenen Urteils wird nicht offen gelegt. Man versucht, das Gegenüber mehr motivational als vernünftig zu überzeugen. Das ist im Sinne des Überzeugungserfolgs selbstverständlich völlig akzeptabel. Wir möchten mit Ihnen jedoch einen Schritt weiter gehen. Sie haben bereits wichtige Übungen durchgeführt, um über Prämissen auf logischem Wege zu Konklusionen zu gelangen. Je besser die Prämissen inhaltlich gewählt waren und je zwingender der Schluss war, desto überzeugender fiel Ihre Beweisführung aus. Nun gibt es für verschiedene Argumentationsprobleme unterschiedlich geeignete Arten der Beweisführung. Die Beweisführung in Ihrer Argumentation findet mithilfe von so genannten Syllogismen (Beweisen) statt, welche bestimmte Randbedingungen enthalten und die Ableitung des eigenen Urteils verdeutlichen. Und um diese Syllogismen soll es im Folgenden gehen. Wir werden die drei Hauptarten der Beweisführung kennen lernen und an Hand verschiedener Beispiele beleuchten. Sie werden dann in der Lage sein, die drei Arten der Beweisführung anzuwenden und die Beweisführungsstrategie der Gegenpartei zu entlarven und zu attackieren.

Die drei wesentlichen Arten von Syllogismen

Dazu gehören:

- die Induktion,
- die Deduktion und
- die Abduktion.

	Induktion	**Deduktion**	**Abduktion**
1.	Fall	Verallgemeinerung, These, Gesetz	Folge, Resultat, Messergebnis
2.	Folge, Resultat, Messergebnis	Fall	Verallgemeinerung, These, Gesetz
3.	Verallgemeinerung, These, Gesetz	Folge, Resultat, Messergebnis	Fall
	(Verallgemeinerung)	(Spezifizierung)	(Mischform)

Zur Erläuterung: Die Schritte 1-3 bezeichnen die Abfolge, die Sie innerhalb Ihres Syllogismus vollziehen. Der Fall ist das, worum es gerade im Einzelnen geht. Folge, Resultat oder Messergebnis beschreibt das, was Sie beobachten, messen oder folgern. Verallgemeinerung, These, Gesetz ist schließlich das Allgemeingültige, was Ihrer Beweisführung zu Grunde liegt oder was Sie eben herzuleiten versuchen. Noch deutlicher wird es, wenn wir die Beweisformen im Einzelnen anschauen.

Induktion

Mithilfe einer Induktion versuchen Sie, Ihre These als eine allgemeine Gesetzmäßigkeit aus einer einzelnen Begebenheit (Fall mit Folge) abzuleiten. Aber Achtung: Der Induktionsschluss ist nicht sicher, nur wahrscheinlich. Thesen erfordern zu ihrem Beweis Fälle, was ins Uferlose führen kann. Hier kann man entweder abbrechen, oder man versucht den Fall mithilfe von Deduktion oder Abduktion zu beweisen. Der Induktionsbeweis ist die Verallgemeinerung. Induktion heißt wörtlich übersetzt *das Hineinführen*. In der Induktion wird vom Einzelnen, vom Fall ausgehend auf das Allgemeine geschlossen. Daraus ergibt sich folgendes Grundschema für Induktionen:

Das Schema der Induktion

1. Fall (Einzelfall, Einzelfälle),
2. Folge (Ergebnisse, Folgen, Resultate, Schlüsse),
3. These (Thesen, Hypothesen, Annahmen, Gesetze und Verallgemeinerungen).

Beispiel

1. Fall: Ich sitze am Ufer des Meeres und schaue auf das Wasser hinaus.
2. Folge: Ein Segelschiff kommt herein. Von ihm ist zuerst der Mast zu sehen.
3. These: Die Erde ist rund.

Induktionsbeweise führt man durch, um Gesetze (auch moralische) sowie allgemeingültige Annahmen zu beweisen. Sätze wie die folgenden erfordern Induktionsbeweise:

- Alle Menschen streben nach Macht.
- Alle Manager sehen doch nur den Shareholder Value.
- Die Partei kann nicht sparen.
- Leben ist generell besser als der Tod.
- Die Zeiten sind schlecht.

Die Schwäche der Induktion: Selbst, wenn in der Abfolge der Gedanken kein Fehler gemacht wird, ist in der Induktion der Schritt vom Resultat zur Verallgemeinerung nicht zwingend, sondern nur wahrscheinlich. Im Prinzip kann man also jede Induktion an dieser Stelle angreifen.

Deduktion

Bei einer Deduktion wird nach den Regeln des logischen Schließens eine Aussage aus einer anderen abgeleitet.

Das Schema der Deduktion

1. These (Thesen, Hypothesen, Annahmen, Gesetze und Verallgemeinerungen),
2. Fall (Einzelfall, Einzelfälle),
3. Folge (Ergebnisse, Folgen, Resultate, Schlüsse).

Beispiel 1

1. These: Wenn es regnet, ist die Straße nass.
2. Fall: Es regnet.
3. Folge: Also ist die Straße nass.

Beispiel 2

1. Regel: Jeder, der gerecht sein will, muss im Verdachtsfall noch die Unschuld des Verdächtigen annehmen.
2. Fall: Im Moment ist die Schuld des X nicht erwiesen.
3. Folge: Also gilt er als unschuldig.

Die Deduktion verläuft in drei Schritten:

1. Stellen Sie eine Schlüsselfrage zur These, indem Sie einen Ihrer Teilaspekte verallgemeinern: „Wann/wer/was immer muss vorliegen, damit gilt …"
2. Schildern Sie die vorliegende Situation (Fall) im Sinne dieser These, d. h. zeigen Sie auf, dass alle Notwendigkeiten der These im Ist vorliegen.
3. Die Folge (Gültigkeit des normativen Satzes in dieser Situation) ergibt sich logisch zwingend.

Die Plausibilität der Deduktion entsteht daraus, dass der Zuhörer an der Überprüfung der These teil hat. Wichtige Formeln in Prämissen von Deduktionen:

„wenn … dann"

Immer wenn es regnet, wird die Erde nass.

Wenn jemand in die Steckdose langt, die Strom führt, bekommt er einen elektrischen Schlag.

„sowohl … als auch"

Etwas kann sowohl schnell als auch präzise sein.

Etwas kann nicht sowohl hoch als auch flach sein.

„entweder … oder"

Man kann Bohnen oder Avocados essen. (einschließend)

Man kann Walzer nur mit der einen oder der anderen Partnerin tanzen. (ausschließend)

„jeder … ein"

Für jedes Wort gibt es mindestens einen Laut.

Jeder Mensch hat einen Kopf.

Abduktion

Bei der Abduktion liefern Sie einen empirischen Beleg für den Fall (eine jetzt sichtbare Folge – bei einer Retrospektive – oder Vorankündigung – bei einer Prognose) und stellen fest, dass dieser Beleg aussagekräftig ist:

Das Schema der Abduktion

1. Folge
2. These
3. Fall

Daraus ergeben sich folgende Schritte:

1. Liefern Sie einen empirischen Beleg für den Fall im Hier und Jetzt (Folge).
2. Geben Sie den Wahrheitsgehalt des empirischen Belegs an (These).
3. Somit ergibt sich die Richtigkeit (besser: Wahrscheinlichkeit) des Falles.

Zwei Beispiele (nach Ch. S. Peirce)

1. These: Alle Bohnen in diesem Sack sind weiß.
2. Folge: Diese Bohnen sind weiß.
3. Fall: Diese Bohnen sind aus diesem Sack.

1. Folge: Diese Bohnen sind weiß.
2. These: Alle Bohnen im Sack sind weiß.
3. Fall: Diese Bohnen sind aus diesem Sack.

Ein Beispiel für den Einsatz der Abduktion in Falle der Prognosen:

1. Resultat (Messergebnis): Die Inflationsrate beträgt heute 2 %.
2. These: Wir befinden uns in einem eindeutigen Trend.
3. Fall (hypothetisch): Also wird die Inflationsrate nächstes Jahr ebenfalls so um die 2 % liegen.

Ein weiteres Beispiel wird Ihnen aus zahlreichen Kriminalfilmen bekannt sein. Am Tatort werden Fingerabdrücke gefunden, die mit denen des Hauptverdächtigen (meistens der Gärtner oder alternativ der Butler) übereinstimmen. Im Allgemeinen reicht dies aus, um ihn schuldig zu sprechen:

1. Messergebnis: Fingerabdrücke am Tatort
2. Gesetzmäßigkeit: Die Fingerabdrücke eines Menschen sind nicht verwechselbar.
3. Fall: Also war der Gärtner zur Tatzeit am Tatort.

Ähnlich wie bei der Deduktion hängt die Beweiskraft der Abduktion von der Gültigkeit der Gesetzmäßigkeit ab. Wiederum ist es von zentraler Bedeutung, dass diese Gesetzmäßigkeit auch für den vorliegenden Fall gilt.

Was eignet sich wozu?

- Gesetze und allgemeine Behauptungen bedürfen der Induktion. (IST)
- Entscheidungen und Appelle bedürfen der Deduktion. (SOLL)
- Prognosen und Ursachenrekonstruktionen bedürfen der Abduktion (WIRD, WAR)

Nun ist es an Ihnen, diese Arten der Beweisführung in Ihrem argumentativen Vorgehen beweglich zu machen.

Führen Sie den Beweis

- Beweisen Sie per Induktion die These: Immer des Nachts verdunkelt sich der Himmel.
- Bauen Sie eine beliebige Induktion auf folgendem Fall auf: Ich werfe flache Steine über das Wasser. (Tipp: Es könnte Richtung Schwerkraft gehen. Oder auch Richtung Geschwindigkeit.)
- Zeigen Sie per Deduktion: Der Mann ist gefeuert! (Tipp: Unterschlagung?)
- Bauen Sie Ihre Beweisführung deduktiv auf folgender Gesetzmäßigkeit auf: Balkonpflanzen vertragen keinen Frost.
- Zeigen Sie abduktiv: Das Brot wird schimmeln.
- Leiten Sie per Abduktion von der These ausgehend her: Wenn die Wirtschaft stagniert, steigt die Zahl der Arbeitsuchenden.

Drei Schritte der Gegenargumentation

Natürlich ist es wichtig zu wissen, wie ein Syllogismus attackiert werden kann und wie Sie sich gegen Angriffe auf Ihre eigene Beweisführung zur Wehr setzen. Gehen Sie ruhig davon aus, dass die Gegenpartei verkürzt argumentiert. Die Schritte sehen dann folgendermaßen aus:

1. Aufnehmen des gegnerischen Enthymems
2. Rekonstruieren (Paraphrasieren) des gegnerischen Syllogismus
3. Attacke auf den gegnerischen Syllogismus:
   Angriff auf die ausgewählten Fälle, deren Evidenz (Fall) – Gegenthese
   Angriff auf die Messung, Empirie (These) – Gegenthese
   Angriff auf den Schluss (Folge) – Widerlegung, „interne Kritik"

Bei der Induktion ist ein Angriff auf allen drei Ebenen möglich (Design, Messung, Folgerung).

Bei der Deduktion können nur These und Fall angegriffen werden (wenn beide stimmen, ist die Folge zwingend).

Bei der Abduktion stehen Angriffe auf Folge (empirischer Beleg) und These (Glaubwürdigkeit des Belegs) im Vordergrund.

Der 5-Satz

Kommen wir nun zur Königsdisziplin innerhalb einer wirksamen Argumentation: dem dialektischen 5-Satz. Wie die Ähnlichkeit mit dem Namen 3-Satz nahe legt, handelt es sich hierbei um dessen zweistufige Erweiterung. Sie werden sehen, dass Sie mit dieser Figur nicht nur sehr wirksam überzeugen können, sondern bereits eine mögliche Grundstruktur einer Präsentation bzw. Rede vor sich haben. Wir haben Ihnen den 5-Satz dabei im Gegensatz zur klassischen dialektischen Lehre etwas modifiziert, um seine Durchschlagskraft noch zu steigern. Bevor wir auf diesen speziellen 5-Satz im Detail zu sprechen kommen, möchten wir Ihnen zunächst das Grundprinzip verdeutlichen.

„Fünfsätze" sind gedankliche Baupläne, die es erlauben, in fünf Denkschritten kurz, logisch folgerichtig, einprägsam und zielgerichtet zu argumentieren. Überzeugendes Argumentieren setzt voraus, dass Sie zielgerichtet und zeitsparend Ihren Standpunkt darlegen können. Die so genannte 5-Satz-Technik unterstützt Sie dabei. Im Einzelnen besteht ein 5-Satz aus den folgenden Schritten – wobei die konkrete Gestaltung der Einzelschritte je nach Einsatz und Ziel etwas variieren kann:

- Denkschritt 1: Einleitung, Ausgangsthese oder Ihr persönlicher Standpunkt. Lenken Sie die Aufmerksamkeit auf Ihr Thema, Ihr Anliegen.

  BEISPIEL:
  „In diesem Zusammenhang möchte ich auf einen Punkt hinweisen ..." oder „Meine Meinung liegt nahe an der von Herrn Müller ..."

- Denkschritte 2-4: Sie dienen der eigentlichen Beweisführung, z. B. der Darstellung von Vor- und Nachteilen bzw. der Pro-/Kontra-Argumente.
- Denkschritt 5: Der Kerngedanke wird zum Abschluss noch einmal einprägsam und prägnant zusammengefasst. Was soll Ihr Gegenüber denken, meinen oder einsehen?

Die folgenden Abbildungen zeigen, wie Sie verschiedene Arten von 5-Sätzen zielführend anwenden können.

AUFSATZPLAN

Der Aufsatzplan ist die Grundfigur eines 5-Satzes. Er ähnelt stark dem 3-Satz respektive den von Ihnen bereits eingeübten Statements. Die Stärke des Aufsatzplans liegt in der komprimierten Abfolge der (für Ihren Standpunkt) zentralen Argumente. Beginnen Sie nicht mit dem schwächsten Argument – sonst lehnt sich Ihr Gegenüber zurück und denkt „Na, wenn da nicht mehr zu erwarten ist ..." Aber heben Sie Ihr stärkstes Argument bis zum Schluss auf! Als letztes Element vor dem von Ihnen intendierten Zielsatz kann es dort die beste Wirkung entfalten, Ihr Gegenüber beeindrucken und nachhaltig wirken.

Dreiteilung:

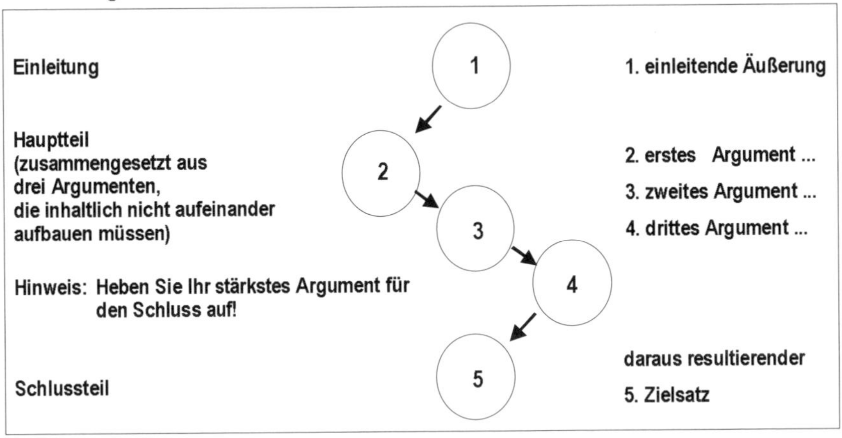

Abbildung 1: Der Aufsatzplan

Die Kette

Die Kette erzeugt in der Regel schon eine größere Wirkung als der Aufsatzplan. Hier entfalten Sie in Ihrer Argumentation eine logische bzw. zeitliche Dynamik, die zweifellos wirksamer ist, als hätten Sie lediglich Ihren Standpunkt formuliert. Die Stringenz kann – wirksam vorgetragen – durchaus etwas Zwingendes haben und noch nicht zementierte Positionen auf Ihre Seite ziehen. Nebenbei sei bemerkt, dass einzelne der bisher abgebildeten Einzelschritte für sich noch beweispflichtig wären! Wo sind die Thesen, die Prämissen? Wenn Sie sich in der Analyse weiter üben wollen, dann füllen Sie die Einzelschritte mit Beispielen aus Ihrem Alltag und Sie werden sehen, dass ein 5-Satz dazu verleitet, enthymematisch zu argumentieren. So lange das der Gegenpartei nicht auffällt – gut. Hierin liegt ja auch eine zentrale Stärke der 5-Sätze. Um Ihre eigene Debattierkunst zu schulen, sollten Sie sich diesbezüglich jedoch im Klaren sein und Ihre eigenen 5-Sätze übungshalber mit sinnvollen Prämissen oder Thesen auskleiden. Also beispielsweise Schritt 1 der Kette: Warum muss Ihr Ziel dieses oder jenes sein? Aufgrund welcher Prämissen? Oder Schritt 3: Warum ist was besonders zu beachten? Wie Sie aus den vorangegangenen Ausführungen sicher bereits abgeleitet haben, handelt es sich bei einigen Einzelschritten des 5-Satzes bereits um eine komplette Argumentationsfigur und Sie platzieren lediglich Ihre Konklusion, verkürzen aber um Prämisse oder Ausgangstatsache, -behauptung oder These.

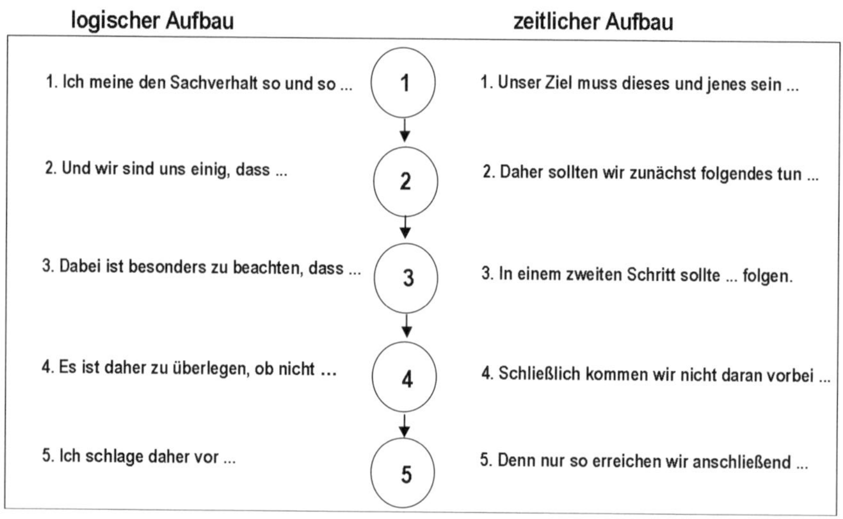

Abbildung 2: Die Kette

Der dialektische 5-Satz

Er ist unserer Erfahrung nach der wirkungsvollste 5-Satz. Eben weil er so wirksam ist, finden Sie nach der Vorstellung weiterer interessanter 5-Satz-Formen Anleitungen zur Übung und Praxisbeispiele. Doch zunächst zum rein Technischen: Im dialektischen Aufbau geht es darum, sich bewusst auch mit der Gegenposition auseinander zu setzen. Durch die besondere Art und Weise, in der Sie das tun, können Sie der Gegenpartei viel Wind aus den Segeln nehmen und sie psychologisch geschickt auf Ihre Seite bringen.

1. Eigener Standpunkt
2. Zwei bis drei Kontra-Argumente
3. Zwei bis vier Pro-Argumente
4. „Gesteuertes“ Fazit
5. Appell

Dazu beginnen Sie mit Ihrem eigenen Standpunkt, mit Ihrer Kernthese, mit Ihrer Meinung zu dem, was gerade in Rede steht. Leiten Sie zu den zentralen Gegenargumenten über mit einer Floskel wie „Natürlich lässt sich hier einwenden ...“ Fahren Sie dann bei Schritt drei fort etwa mit „Was aus meiner Sicht allerdings eindeutig dafür spricht ...“ Ziehen Sie dann aus Ihrer scheinbar objektiven Abwägung das Ihnen genehme Fazit „Dies kann in der Konsequenz also doch nur bedeuten ...“ Und schließen Sie auf jeden Fall einen Appell an: „Also schlage ich vor, dass wir jetzt direkt ...“

Schrittweise Abwägen der Kontra- und Pro-Argumente eines Themas, eigenes „gesteuertes“ Fazit und Appell im Anschluss.

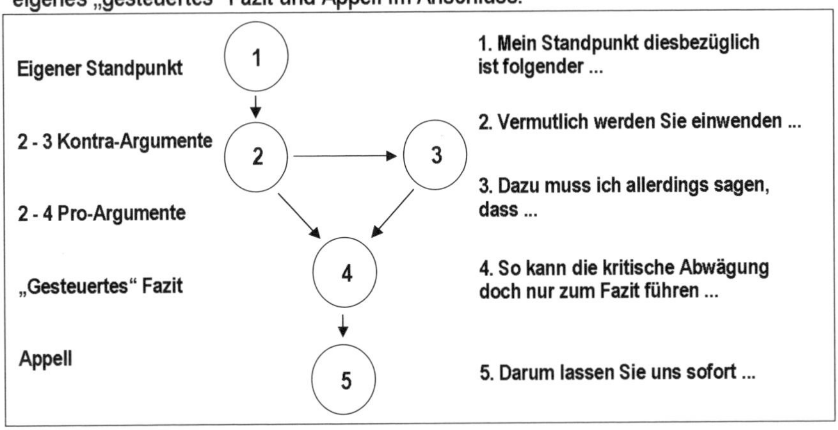

Abbildung 3: Der dialektische Aufbau

Die Wirksamkeit dieser Konstruktion lässt sich relativ einfach erklären. Da Sie wesentliche Gegenargumente vorwegnehmen, fühlt sich die Gegenpartei inhaltlich wie auch emotional wichtig genommen. „Ja, das hätte ich auch eingewendet!“ mag eine unausgesprochene Reaktion sein. Sie geben Ihrem Gegenüber also zunächst einfach recht. Das befriedigt und gibt Sympathiepunkte. Wer hört nicht gern seine eigenen Argumente? Und haben Sie keine Sorge, dass Sie möglicherweise Argumente bringen, die Ihr Gegenüber noch gar nicht bedacht hatte. In aller Regel ist dies nicht der Fall.

Psychologisch betrachtet stimmen Sie die Gegenpartei also milde, so dass man Ihnen auch weiterhin gut zuhört. Häufig ist es von Nachteil, wenn Sie lediglich Ihren Standpunkt in den Raum stellen. „Das kann ja gar nicht sein!" Blockade und Abwehr sind die Folge, weil es für Menschen nun einmal fundamental wichtig ist, recht zu behalten.

Nachdem Sie also Ihr Gegenüber bedient haben, nehmen Sie diese Stimmung mit und platzieren Ihre eigenen Argumente hinein. Wiederum sollte das Beste am Schluss stehen. Führen Sie den anderen dann zu einem natürlich von Ihnen „geschönten" Fazit. Sie müssen sich dabei nicht unwohl fühlen, der Zweck heiligt die Mittel. Wichtig ist Ihre Überzeugungsarbeit, nicht die penibel analysierte Rechtschaffenheit Ihres Fazits. Häufig lassen sich eben verschiedene Argumente zu verschiedenen Schlüssen entwickeln. Nutzen Sie Ihre Chance, die Position der Gegenpartei – so sie denn überhaupt so fest steht wie die Ihrige – ins Wanken zu bringen. Arbeiten Sie dabei auch ruhig mit rhetorischen oder suggestiven Aussagen. Aber überspannen Sie den Bogen nicht, Ihr Fazit muss im Prinzip möglich und plausibel sein.

Schließlich runden Sie Ihren dialektischen 5-Satz mit einem knackigen Appell ab. Der Hintergrund hier ist die häufige Erkenntnis, dass bei schwebenden Entscheidungsprozessen derjenige den Punkt macht, der entschlussfreudig ist und schnell und mit Kraft die Richtung vorgibt. Sie alle werden dieses Phänomen kennen: Sie sitzen im Meeting, zur Diskussion stehen verschiedene Möglichkeiten eines Prozesses, einer Aufgabe oder auch nur die Frage, wann die nächste Pause zu machen ist. Keiner kann sich wirklich entscheiden, man schaut sich fragend an. Und wie oft ist es dann schon vorgekommen, dass einfach derjenige die Richtung bestimmt, der am schnellsten ist? Viele Teilnehmer sind einfach froh, dass das zähe Ringen beendet ist und es endlich weiter geht. Genau das bezwecken wir auch mit dem 5. Schritt, dem Appell. Nehmen Sie den Schwung aus Ihrer klugen Argumentation mit, rufen Sie zu einer Ihnen genehmen Handlung auf oder fordern Sie einfach, Ihnen zuzustimmen. Schaffen Sie Fakten. Die Praxis zeigt immer wieder: Ist ein Weg erst einmal eingeschlagen, verstummen viele Diskussionen und Bewegung kommt in den Prozess. Bis sich eventuell herausstellt, dass Ihr Konzept inhaltlich betrachtet mit der Brillanz Ihrer Argumentation doch nicht mithalten kann. Aber das wäre dann Thema eines anderen Ratgebers.

Abgeleitet aus der dialektischen Form möchten wir Ihnen noch einige weitere Einsatzmöglichkeiten des 5-Satzes erläutern.

Dieser 5-Satz geht von einem allgemeinen Grundsatz oder einer allgemeingültigen Aussage aus und dient in der Regel dem Widerspruch.

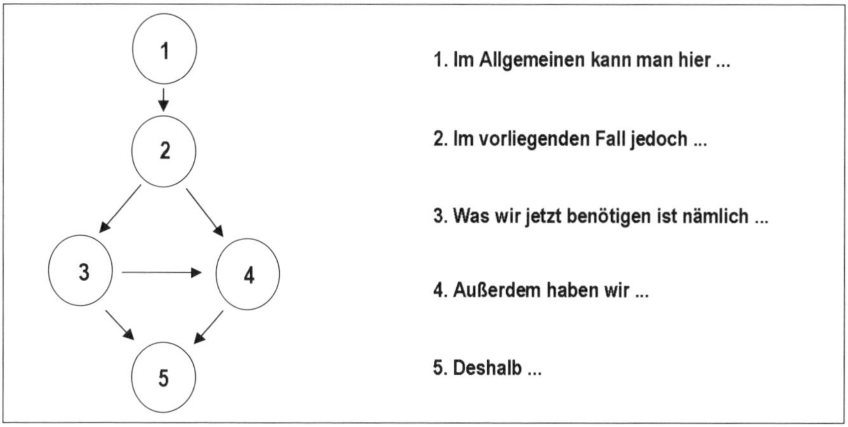

Abbildung 4: Vom Allgemeinen zum Besonderen

Hier verneinen Sie die Gültigkeit der in Rede stehenden Argumentation. So ähnlich übrigens argumentieren viele Politiker, wenn Sie auf kritische Fragen antworten müssen: „Sehen Sie, Frau Christiansen, das ist ja gar nicht die zentrale Frage! Vielmehr kommt es doch hier darauf an ...“ Noch direkter sind andere: „Ja, schon die Frage ist falsch! Man muss sich doch hier vielmehr fragen ...“ So funktioniert so manches Interview.

Aber zurück zu unseren 5-Sätzen. Mit dem Weg **vom Allgemeinen zum Besonderen** haben Sie eine Figur im Repertoire, mit der Sie eher indirekt überzeugen können. Das ist aber gerade deshalb ein viel versprechender Weg, da Sie Ihrer Gegenpartei eine hohe Analysegeschwindigkeit abverlangen. Sie muss jetzt nicht nur versuchen, Ihre Argumente zu widerlegen, sie muss zusätzlich auch prüfen, ob Ihre Definition von Allgemeinem und Besonderem überhaupt gültig ist.

Die Ausklammerung

Die Ausklammerung bedient sich einer ganz ähnlichen Taktik. Noch überzeugender werden Sie dabei sein, wenn Sie im Plural, in der Wir-Form argumentieren. So fällt es Ihrem Gegenüber sicher leichter, Ihren Weg mitzugehen, da Sie quasi eine „Mitschuld" am bisherigen Diskussionsprozess einräumen.

Eine bisher diskutierte Ansicht wird durch das Hinzufügen eines neuen Punktes in den Hintergrund gestellt.

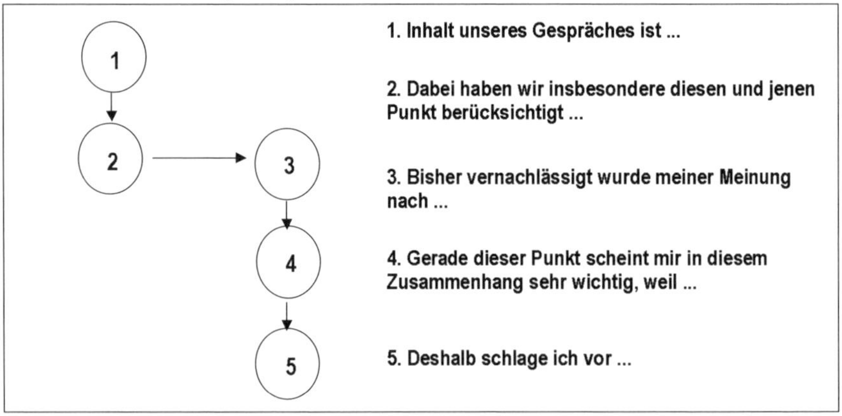

Abbildung 5: Die Ausklammerung

Der Vergleich

Vergleichsweise harmonisch geht es zu, wenn Sie den 5-Satz dazu verwenden, unterschiedliche Positionen gegeneinander abzuwägen und Ihre eigene als dritte – und beste – darlegen. Die Redewendung „Viel Feind – viel Ehr" sollten Sie hier nicht überstrapazieren. Sie führen also die zentralen – und von Ihnen widerlegbaren – Argumente der beiden Positionen auf, wägen kritisch ab und machen den Punkt.

Aufgreifen beider Positionen mit sachlicher und unparteiischer Begründung. Formulierung der eigenen Position zum Thema.

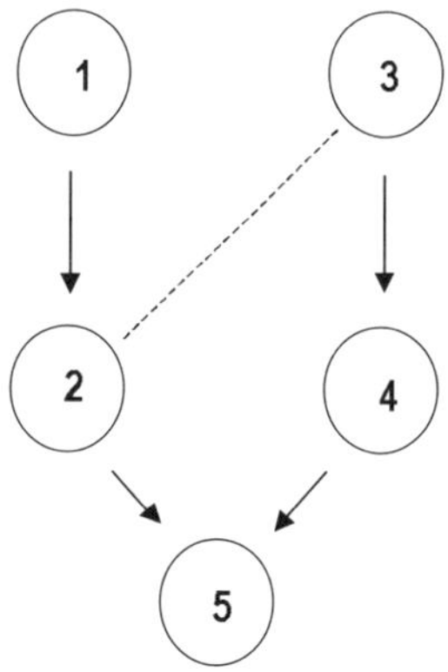

1. Die Vertreter von A sagen ...

2. Sie begründen dieses mit ...

3. Die Vertreter von B halten dagegen ...

4. Ihre Begründung lautet ...

5. Beides überzeugt mich weniger, daher fordern wir ...

Abbildung 6: Der Vergleich

Die Kompromissformel

Ähnlich gehen Sie mit der Kompromissformel vor. Hier treten Sie als Schlichter oder Moderator an, der zwischen zwei verfahrenen Positionen vermitteln möchte. Alternativ können Sie auch Ihre eigene Position einbringen und an die Gegenseite appellieren, gemeinsam mit Ihnen einem Kompromiss zuzustimmen. Dann entspräche Position A der Ihres Gegenübers, die Sie unkommentiert im Raum stehen lassen. Setzen Sie Ihre Position B dazu – nicht dagegen, Sie erschweren sonst den Kompromiss – und arbeiten Sie in Richtung einer gemeinsam getragenen Lösung. Sie verzichten hier bewusst auf eine Auseinandersetzung mit den Argumenten des anderen und attackieren seine Aussagen nicht.

Gemeinsamkeiten zweier Positionen werden herausgearbeitet. Der Zielsatz wird darauf aufbauend entwickelt.

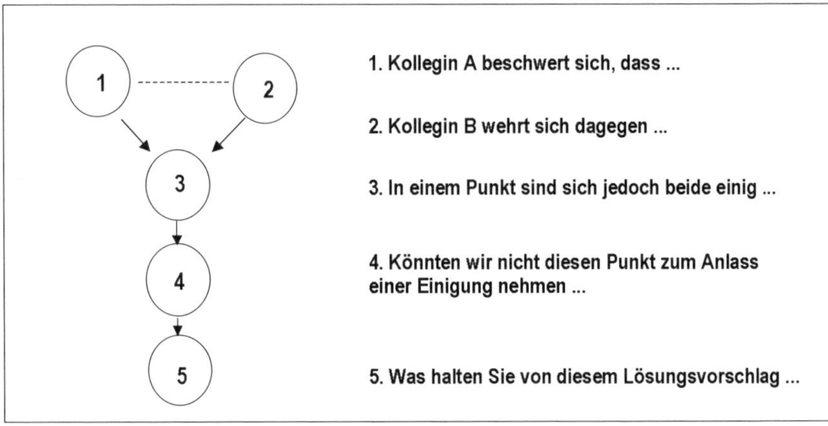

Abbildung 7: Der Kompromiss

Welcher 5-Satz ist der beste?

Welchen der 5-Sätze Sie nun anwenden, bleibt Ihnen überlassen. Die Wahl Ihres Vorgehens hängt wesentlich davon ab, wie Sie in der konkreten Situation Ihr Ziel definieren. Möchten Sie auf jeden Fall eine Einigung erzielen und können dafür auch eigene Positionen aufgeben, so wählen Sie den Vergleich oder den Kompromiss. Ist es für Sie hingegen relevant, die Position der Gegenpartei zu attackieren und sie von der Richtigkeit Ihres Weges zu überzeugen, so sind die etwas konfrontativeren Formen wie dialektischer 5-Satz, vom Allgemeinen zum Besonderen oder die Ausklammerung sinnvoll.

Die anspruchsvollste Vorgehensweise ist sicher diejenige, die eine direkte Auseinandersetzung mit den Gegenargumenten beinhaltet. Daher möchten wir Sie an dieser Stelle ermuntern, den dialektischen 5-Satz zu trainieren.

Übung: Der dialektische 5-Satz (I)

Sie brauchen für diese Übung einen griffigen Standpunkt, den Sie im Alltag häufiger vertreten müssen. Stellen Sie sich vor, Sie müssten für die engagierte Teilnahme an einem Projekt werben, für die Übernahme Ihres Konzeptes oder Ihrem Chef klar machen, dass Ihre erneute Verspätung gute Gründe hat. Dies sei jeweils Inhalt des Schrittes 1. Nehmen Sie sich nun ein Blatt Papier und schreiben Sie drei Gegenargumente auf, mit denen man Sie konfrontieren könnte. Notieren Sie dann die zentralen Argumente, die für Ihr Vorhaben sprechen oder die Verspätung entschuldigen. Es können auch vier sein, in keinem Falle weniger als die Gegenargumente. Aber Achtung! Je mehr Sie notieren und je länger Sie reden müssen, desto wahrscheinlicher wird es, dass man Ihnen nicht mehr folgen kann und Ihr ausgefeilter 5-Satz scheitert. Eine der Stärken des 5-Satzes ist seine präzise Dynamik. Verderben Sie sich das nicht. In Schritt 4 formulieren Sie nun Ihr Fazit, das aus Ihrer Perspektive und vor dem Hintergrund Ihrer Argumente natürlich das einzig denkbare ist. Und schließen Sie in Schritt 5 mit einem sinnvollen Appell, Ihnen zuzustimmen oder – besser! – dies oder jenes bereits einzuleiten und zu beginnen. Nehmen Sie dann Ihre Notizen, stellen Sie sich vor die fiktive Gegenpartei – am besten hört Ihnen tatsächlich jemand zu und gibt Ihnen Feedback zur Wirksamkeit – und bringen Sie Ihren 5-Satz knackig auf den Punkt. Übertreiben Sie ruhig! Setzen Sie Ihre rhetorischen Mittel großzügig ein! In der angespannten Präsentationssituation bleibt davon erfahrungsgemäß ohnehin eher zu wenig übrig.

Übung: Der dialektische 5-Satz (II)

Falls es Ihnen nicht leicht fällt, ein Beispiel aus Ihrer arbeitsalltäglichen Praxis zu finden, schlagen wir Ihnen folgendes (nicht ganz ernste) Thema vor: Sie alle kennen sicher zahlreiche Synonyme, mit denen sich das Wort „Schwächling“ freundlicher ausdrücken lässt. Vor nicht allzu langer Zeit kursierten diese Begriffe zu hunderten in E-Mails. Das Spektrum reichte dabei vom Schattenparker über Parkhausblinker, Seerosengießer, Brötchen-über-der-Spüle-Aufschneider bis hin zu gänzlich abwegigen Wortschöpfungen. Wir möchten an dieser Stelle Ihrer Fantasie nicht im Wege stehen. Bitte suchen Sie sich einen Begriff, der Ihnen als Selbstzuschreibung noch erträglich erscheint. Denn Ihre Aufgabe ist es nun, diesen als Ihren Standpunkt ernsthaft zu vertreten. Nach demselben Prinzip wie eben skizziert bauen Sie bitte einen dialektischen 5-Satz auf und tragen Sie ihn vor. Sie sind also beispielsweise gehalten, das In-der-Sauna-unten-Sitzen als Ihr Motto zu verkaufen. Etwa so: „Meine lieben Kollegen, ich bin mit Leib und Seele ...

Natürlich werden einige von euch sagen ... Doch gebe ich zu bedenken ... Und darum ... Also, lasst uns ..." Das ist zwar eine witzige Übung, doch Sie eignet sich sehr gut zum Training des 5-Satzes. Meisterschaft erlangen Sie schließlich nur durch Flexibilität in Ihrer Argumentation.

Mit der 5-Satz-Technik verfügen Sie über ein sehr wirkungsvolles Instrument in Ihrem Argumentationsrepertoire. Es wird Ihnen in Präsentationen wie Diskussionen gute Dienste leisten. Sie sollten es so weit verinnerlichen, dass Sie in der jeweiligen Situation nicht mehr über das „Wie" nachdenken müssen, sondern sich voll auf den Inhalt konzentrieren können.

Wie widerlegen Sie den 5-Satz des Gegners?

Aber wie gehen Sie nun vor, wenn auch die Gegenpartei über diese Technik verfügt? Hier eröffnen sich mehrere Angriffspunkte. Sie wissen, dass die Argumentation des Gegenübers innerhalb eines 5-Satzes in aller Regel verkürzt ist. In den seltensten Fällen macht man sich die Mühe, die einzelnen Argumente auch noch stringent herzuleiten. Also hier der Rat: Decken Sie das Enthymem auf und verlangen Sie die schlüssige Herleitung des Argumentes. Das bringt Sie in die Offensive und gibt Ihnen nebenbei Zeit, Ihre Gegenposition aufzubauen.

- Sie wissen um die Dynamik eines knackigen 5-Satzes. Stoppen Sie den Fluss, indem Sie sich ganz gelassen noch einmal dem Schritt 2 zuwenden. „Wie Sie ja ganz richtig ausgeführt haben, sprechen X und Y gegen Ihr Konzept. Doch ist das bei Weitem noch nicht alles! Ich möchte Folgendes ergänzen, was aus meiner Sicht noch viel schwerer wiegt ...!" Nun sind Sie im Vorteil und können Ihrerseits einen 5-Satz aufbauen.
- Gehen Sie davon aus, dass das Fazit nicht wirklich ehrlich abgewogen ist. Hinterfragen Sie! „Lieber Kollege, Ihre Position in allen Ehren, aber gerade deshalb muss doch das Fazit ein ganz anderes sein!"
- Und schließlich: Unterbinden Sie die Kraft des Faktischen. Stoppen Sie das, was sich möglicherweise an den Appell anschließt! „Moment, meine Damen und Herren, hier wurde doch – wieder einmal – bewusst der wichtigste Aspekt übergangen!" Mit einer offenen

Konfrontation schaffen Sie sich ad hoc die Aufmerksamkeit, die Sie brauchen, um die Rolle des Machers zu spielen.

- Unhöflich, aber möglich ist es natürlich auch, Ihr Gegenüber zu unterbrechen. „Genau! Das sage ich ja schon seit Wochen! Ich bin Ihnen dankbar, dass Sie dies so offen ansprechen. Und, werter Kollege – entschuldigen Sie, wenn ich Sie unterbreche – das sei noch hinzugefügt ...!"

Sammeln Sie Erfahrungen. Dieser Ratgeber dient nicht dazu, Ihre Präsentationstechnik nach Methode X auszurichten. Nehmen Sie das in Ihren Methodikbaukasten auf, was zu Ihnen passt, was Ihnen nach einiger Übung leicht von der Hand geht. Wählen Sie, es ist Ihr Erfolg.

Carola Müller ist zufrieden. „Jetzt weiß ich, was den Kollegen Hofer vor der Geschäftsleitung so gut hat aussehen lassen! Und jetzt ist mir auch klar, warum sein Konzept so wasserdicht schien. Er hatte einfach die geschickteren Strategien." Manfred Hofer schmunzelt. „Na, so einfach war das sicher auch nicht. Ich glaube nicht, dass er sich das über Nacht angeeignet hat!" „Gut," gibt Carola Müller zu, „das stimmt vermutlich. Auf jeden Fall konnte ich ihm einfach kein Paroli bieten. Mir war ja gar nicht klar, auf welch zahlreichen Wegen man meine Argumente zerlegen kann. Und dann dieser 5-Satz! Ich erinnere mich gut, davon gab es einige. Und immer wieder hat er die Position der Geschäftsleitung mit seiner vereint und sich dann gegen mich gestellt. Einen Kompromiss hat er natürlich nicht gesucht, stattdessen hat er meine Position zerlegt! Nun ja, kann man ihm ja eigentlich nicht übel nehmen. So, Manfred, jetzt bin ich schlauer – und bis an die Zähne mit Strategien bewaffnet!"

Können Sie alles gleichzeitig?

Ihrer gesamten Überzeugungsarbeit liegt letztlich eine Kernkompetenz zu Grunde. Wie gut und vor allem schnell gelingt es Ihnen, Informationen parallel zu verarbeiten? Schließlich müssen Sie in der Auseinandersetzung vieles gleichzeitig tun: Genau hinhören auf den Inhalt des Gesagten. Spüren, wie sich die Atmosphäre verändert. Überlegen, was Sie daraufhin inhaltlich erwidern. Wie Sie sich verhalten. Wie Sie aus der Defensive wieder herauskommen. Vielleicht nebenbei einen 5-Satz planen. Es liegt auf der Hand, dass es nicht ausreicht, wenn Sie „lediglich“ (!) über alle Methoden und Techniken verfügen und Ihr Arsenal an Retourkutschen üppig ausgestattet ist. Es kommt auf Ihre Schnelligkeit an. Und dies ist der Grund für die lapidare und wiederholt vorgetragene Bitte unsererseits: Üben Sie, üben Sie, üben Sie!

Das Gehirn eines Erwachsenen lernt nicht nur eine neue Sprache, sondern auch eine schnellere Informationsverarbeitung. Unser Gehirn arbeitet durch das komplexe Zusammenspiel vieler Regionen außerordentlich schnell. Das Gehirn ist – im Gegensatz zu den meisten Computern – in der Lage, Millionen von Funktionen unabhängig und gleichzeitig auszuführen. Leider schöpfen nicht viele diese Potenziale des Gehirns aus. Die meisten Menschen können zum Beispiel während eines Gespräches nur zuhören oder nur über einen Gedanken nachdenken, der durch die Rede des Partners ausgelöst wurde. Wir wollen nun die parallele Informationsverarbeitung trainieren. Dazu bieten sich Mehrfachaufgaben an. Um die Geschwindigkeit im Zusammenspiel einiger der für unsere Zwecke wichtigen Zentren zu erhöhen, laden wir Sie zu folgenden Übungen ein:

Partnerübung: Hemisphärenalphabet

Die erste Übung ist eine Partnerübung. Kopieren Sie sich bitte die unten stehenden Buchstabenreihen auf ein DIN A 4-Blatt. Legen Sie dann zwei Kopien rückseitig aufeinander, so dass Sie beide, wenn Sie die Kopien senkrecht zwischen sich halten, das Gleiche lesen können. Nun stellen Sie sich voreinander auf. Ihr Partner als Übungsleiter liest Ihnen in ungeordneter Reihenfolge einzelne Buchstaben der jeweils oberen Reihe vor.

Sie als Übender hören den Buchstaben, suchen ihn auf dem Blatt und reagieren mit L, R oder Z – je nachdem, welcher Buchstabe unter dem Genannten steht.

- L steht für: linken Arm heben,
- R für: rechten Arm heben und
- Z für: beide Arme heben.

Je schneller es Ihnen gelingt, die richtige Bewegung auszuführen, desto stärker trainieren Sie Ihr Vermögen, Information parallel zu verarbeiten. Nach drei Minuten wechseln Sie. Üben Sie immer wieder!

	Hemisphärenalphabet									
Übungsleiter		A		B		C		D		E
Übender		L		R		Z		R		Z
Übungsleiter		F		G		H		I		J
Übender		L		L		R		Z		R
Übungsleiter		K		L		M		N		O
Übender		L		R		Z		L		R
Übungsleiter		P		Q		R		S		T
Übender		Z		R		L		R		Z
Übungsleiter		U		V		W		X		Y
Übender		Z		R		L		R		Z

Weitere Mehrfachaufgaben

Simultandolmetscher

Sprechen Sie gesprochene Texte (z. B. aus dem Radio) zeitverzögert nach. Noch schwieriger: die zeitliche Verzögerung verlängern, eigene Lautstärke erhöhen, in Fremdsprache übersetzen.

Paraphrasieren

Fassen Sie die Inhalte gesprochener Texte (Fernsehen/Radio/Sitzungen) zeitverzögert zusammen. Noch schwieriger: zeitliche Verzögerungen verlängern, die Zusammenfassung laut sprechen.

Zeitung lesen und fernsehen

Lesen Sie während einer TV-Nachrichtensendung oder eines Magazins die Zeitung und schreiben Sie im Anschluss daran auf, welche Informationen Sie aus der Zeitung und aus der Nachrichtensendung behalten haben.

Klopftext

Schreiben Sie einige (mindestens zehn, später steigern!) häufig vorkommende Wörter auf ein Blatt Papier und klopfen Sie darauf, wenn diese im Fernseher oder im Radio genannt werden.

Komponist

Versuchen Sie den Text eines bestimmten Liedes auf die Melodie eines anderen Ihnen gut bekannten Liedes (CD, Radio, Film) zu singen.

Motorische Übungen

- Versuchen Sie, während Sie schreiben, mit der linken/rechten Hand auf den Tisch zu klopfen.
- Versuchen Sie gleichzeitig, zwei verschiedene geometrische Figuren (linke Hand: Kreis; rechte Hand; Quadrat) auf ein Blatt zu malen. Nach dem ersten gelungenen Versuch wechseln Sie bitte die Seiten der Figuren.

Die 17 Regeln für überzeugendes Argumentieren

1. Wer behauptet, ist grundsätzlich beweispflichtig

Sie können Ihre Erfahrungen zu Grunde legen, Zahlen oder Experten heranziehen.

2. Argumentieren Sie differenziert

Berücksichtigen Sie verschiedene Aspekte des betreffenden Themas oder Problems.

3. Formulieren Sie Ihre Behauptungen vorsichtig

Extreme Argumente sind nur in Ausnahmefällen angebracht. Meistens fordern Sie damit den Widerspruch des Gesprächspartners heraus. Formulieren Sie also moderat: „Nach meinem derzeitigen Wissenstand ...“

4. Machen Sie abstrakte Argumente anschaulich

Zum Beispiel: „Unser soziales Netz bewahrt die Schwächsten der Gesellschaft vor dem Sturz in Not und Elend.“

5. Argumentieren Sie zweiseitig

Versuchen Sie einige offensichtliche Einwände vorwegzunehmen und damit zu entkräften.

6. Wiederholen Sie wichtige Argumente

Damit steigern Sie die Merkfähigkeit und stellen sicher, dass alles verstanden wurde.

7. Arbeiten Sie mit 5-Sätzen

Sie begründen Ihren Standpunkt auf eindringliche Weise.

8. Sprechen Sie verständlich

Vermeiden Sie Fremdwörter, sprechen Sie langsam, setzen Sie bewusst Pausen, entwickeln Sie die Argumentation schrittweise und aufeinander aufbauend.

9. Achten Sie auf ein Gleichgewicht in der Gesprächsführung

Wirken Sie gleichberechtigt, nicht überlegen. Die Verteilung der Gesprächsanteile sollte bei 50:50 liegen (zumindest in der Diskussion).

10. Vermeiden Sie alles, was Spannungen und Antipathie auslösen könnte

Lassen Sie sich nicht provozieren und provozieren Sie Ihr Gegenüber nicht.

11. Tragen Sie Ihre Argumente rhetorisch wirkungsvoll vor

Sprechen Sie überlegt, moduliert und deutlich. Vermeiden Sie Füllsel.

12. Gehen Sie auf Ihren Gesprächspartner ein

Stellen Sie sicher, dass Sie ihn verstanden haben („Verstehe ich Sie richtig ...?“) Ermuntern Sie Ihn, falls notwendig, durch Redewendungen, wie z. B. „... ich verstehe ...“, „... das ist sehr wichtig ...” oder „ ... sehr aufschlussreich ...”

13. Stellen Sie möglichst viele offene Fragen

Wer fragt, der führt. Verzichten Sie auf lange Monologe.

14. Vergewissern Sie sich, dass Ihre Argumente und Ideen auch bei Ihrem Gegenüber angekommen sind

Sie erkennen dies am körperlichen Verhalten (Gestik, Mimik etc.) und an Rückfragen und Einwänden.

15. Betrachten Sie Einwände als Chance

Übergehen Sie sie nicht, nutzen Sie sie für Ihre eigene Argumentation.

16. Argumentieren Sie bedarfsorientiert

Nennen Sie den Nutzen, den der Gesprächspartner haben würde, wenn er sich von Ihrem Standpunkt überzeugen ließe.

17. Vermeiden Sie auf alle Fälle ein Streitgespräch!

Streit führt zu Eskalation, Gedankenlosigkeit und Verletzungen. Er verhindert konstruktive Gespräche und Beziehungen.

„Nun, liebe Carola, was sagst du? Glaubst du nun, dass du genug Techniken an der Hand hast, um in der nächsten Präsentation argumentativ besser bestehen zu können?“ „Ach, Manfred, wenn du wüsstest, wie dankbar ich dir bin! Du hast mich ja mit Tipps und Methoden geradezu überschüttet! Ich schätze, jetzt ist es an mir, die eine oder andere Methode auszuprobieren und herauszufinden, ob sie zu mir passt und ich damit zurechtkomme. Ich befürchte, alles werde ich zunächst nicht schaffen. Ich verspreche dir aber, dass ich jeden Tipp mindestens zweimal testen werde! Wetten Manfred, aus mir wird noch eine ganz tolle Präsentatorin!“

Ende gut, alles gut: der Schluss

Carola Müller ist mit sich zufrieden. Der größte Teil ihrer Präsentation ist fertig. Da kann selbst Uwe Hofer nicht meckern! Aber jetzt kommt der Schluss dran. Da muss es noch einmal so richtig knallen. Ihr Chef soll sich noch Tage später daran erinnern können, wie genial ihr Konzept war! Carola geht zu ihrem Kollegen Manfred Berger, um sich noch ein paar Tipps zu holen.

„So, Manfred, ich bin mit meiner Präsentation durch. Hast du nicht noch eine gute Idee für den Schluss? Ich will es da noch mal so richtig krachen lassen!“ Manfred Berger überlegt. „Naja, krachen muss es vielleicht gar nicht. Ist ja keine Show. Aber es wäre sehr gut, wenn du für einen sanften Übergang vom Hauptteil zum Schluss sorgen würdest. Manche Redner lassen einen regelrecht ins Nichts fallen, wenn sie fertig sind. Und noch etwas: Die Leute sollten ein paar Kernsätze mit nach Hause nehmen. Wer weiß, vielleicht will der Chef auch noch mal mit ein paar anderen Mitarbeitern über deinen Ansatz reden. Dann wäre es gut, wenn er die wichtigsten Punkte noch im Kopf hätte. Müssen ja nur zwei Sätze sein.

„Danke Manfred, das ist doch was. Ich mache mich gleich an die Arbeit. Könntest du dir den Schluss mal kurz anhören, wenn ich fertig bin?“ will Carola wissen. „Aber sicher“, nickt Manfred, „ich komme später bei dir im Büro vorbei.“

Sie kennen das: Da hört man einem Präsentator über eine Stunde zu, erfreut sich an den interessanten Ausführungen und plötzlich sagt er: „Ja, das war's!“ und setzt sich hin. Meist entsteht in diesen Momenten eine kurze unangenehme Pause, ehe der erste Zuhörer zu klatschen beginnt. Und man hat das Gefühl: „Da fehlt noch was!“

In der Tat fehlt etwas, nämlich ein klarer, runder Abschluss. Wie der erste Eindruck so ist auch der letzte Eindruck wesentlich für den Erfolg des Vortragenden. Die Problemstellung und die Lösung, also Anfang und Ende der Präsentation sollten dem Publikum besonders gut in Erinnerung bleiben.

Elemente eines Schlussteils

- Zusammenfassung der Kernaussagen
- Brückenschlag zur Einleitung
- Fazit

Fassen Sie die Kernaussagen zusammen

Wie lang Ihre Präsentation auch immer war und wie gut Sie die Inhalte visualisiert haben, Sie sollten auf jeden Fall zum Abschluss Ihre Kernaussagen zusammenfassen. Kurz und knapp sollte diese Zusammenfassung sein. Und ganz wichtig: Eine Zusammenfassung darf keine neuen Informationen beinhalten, sonst wäre es keine Zusammenfassung, sondern eine Ergänzung. Am besten verwenden Sie für Ihre Zusammenfassung klare Hauptsätze ohne Nebensätze. Einfache Thesen, die man sich einprägen kann. Je griffiger, umso höher der Erinnerungswert.

Kernaussagen

Orientieren Sie sich an Ihrer Gliederung. Verwenden Sie pro Gliederungspunkt nur einen Satz, maximal drei Sätze bei umfangreicheren Punkten. Folgende Fragen können hilfreich sein:

- Was war das Ausgangsproblem?
- Was hat dieses Problem für Konsequenzen?
- Wie sieht Ihre Lösung aus?
- Was hätte diese Lösung für Konsequenzen?

Diese Informationen sollten auf nur einer Folie oder einem Chart-Papier Platz haben. Lassen Sie die einzelnen Kernaussagen für sich wirken, gehen Sie nicht noch einmal ins Detail. Es erfolgt nur noch einmal eine Ergebnissicherung. Im Grunde ist dies die einzige Stelle in Ihrer Präsentation, an der Sie ablesen dürfen und sollen. Lesen Sie jeden einzelnen Satz langsam vor, machen Sie nach jedem Satz eine Pause, schauen Sie in die Runde und warten Sie auf Reaktionen, ehe Sie weitermachen.

Schlagen Sie eine Brücke zur Einleitung

Schließen Sie nun den Kreis: Kommen Sie nach der Zusammenfassung noch einmal auf Ihren Aufhänger in der Einleitung zurück. Der rote Faden wird erneut deutlich und die Zuhörer werden an einen amüsanten oder interessanten Aspekt der Präsentation erinnert. Dieser Brückenschlag erfolgt nur mündlich, nicht visualisiert. Nehmen Sie eine entspannte Haltung ein und erinnern Sie die Teilnehmer an Ihre Ausführungen zu Beginn. „Ich habe Ihnen am Anfang meiner Präsentation von meinen Erlebnissen in einem Elektro-Handel berichtet, jetzt sehen Sie, was dieser kurze Ausflug mit meinem Vortrag zu tun hat". Sie werden sehen, dass sich die Zuhörer nun entspannen, der eine oder andere bewegt sich, setzt sich anders hin oder lächelt. Sie und Ihr Publikum genießen das Gefühl, zu einem guten Ende gekommen zu sein.

Eine Brücke zum Anfang schlagen

Wenn Sie nicht den richtigen Bogen zur Einleitung spannen, werden Sie am Schluss kaum glänzen. Im ersten Moment scheint es so einfach, eine elegante Formulierung zu finden, wenn Sie sie aber laut aussprechen, werden Sie merken, dass es doch nicht so einfach ist.

Üben Sie diesen Teil also laut vor dem Spiegel oder einem Probepublikum. Lassen Sie sich konkrete Rückmeldung dazu geben, ob die Zuhörer den Brückenschlag verstanden haben.

Was sollen die Zuhörer in Erinnerung behalten?

Und jetzt kommen Sie zum Fazit. Übrigens darf es bei aller Sachlichkeit auch eine emotionale Note haben.

Das Fazit

Stellen Sie sich die Fragen:

- Was will ich den Zuhörern mitgeben?
- Worüber sollen die Zuhörer zum Schluss nachdenken?
- Welchen Satz sollen sie in Erinnerung behalten?

Sie werden merken, dass dieses Fazit der Kernbotschaft ähnelt, die Sie zu Beginn der Präsentationsvorbereitungen formuliert haben. Häufig handelt es sich um ein und dieselbe Aussage. Jetzt ist auch der richtige Moment gekommen, um sich bei den Zuhörern zu bedanken.

Carola Müller macht sich Gedanken über den letzten Satz ihrer Präsentation. Die Kollegen sollen noch einmal richtig wachgerüttelt werden. Es muss ein knackiges Fazit her, nachdem alle Fakten auf dem Tisch liegen. So schwer fällt es ihr nicht, den passenden Abschluss zu finden:

„Unser Vertrieb muss sich auf den Kunden konzentrieren, ihm die perfekte individuelle Lösung anbieten. Deshalb brauchen wir eine Organisation, die schnelle und unkomplizierte Kommunikation ermöglicht. Mein Konzept stellt hier den richtigen Weg dar. Vielen Dank für Ihre Aufmerksamkeit."

Kann jetzt eine Entscheidung getroffen werden?

Häufig dient eine Präsentation dazu, eine Entscheidung vorzubereiten. Nach den Ausführungen eines Redners sollen die Zuhörer oder ein bestimmter Entscheidungsträger entweder mit „Ja" oder mit „Nein" antworten. Manchmal soll eine Entscheidung zwischen verschiedenen Alternativen getroffen werden. Die meisten Präsentatoren machen den Fehler, die Entscheidungsnotwendigkeit oder aber die Entscheidungsalternativen nicht deutlich genug zu machen und somit die Präsentation im Sande verlaufen zu lassen. Wir wollen uns nun mit der Frage beschäftigen, wie man eine Entscheidung gut vorbereitet.

Wichtig ist, dass die Ausführungen im Hauptteil eindeutig auf diese Entscheidung hinweisen, die Entscheidung sich also logisch aus der Argumentation ergibt. Zusätzlich sollte aber die Entscheidung in einem klaren Satz bzw. einer klaren Frage abschließend formuliert werden. Meist ist das sehr einfach, z. B.: „Soll die Investition für eine neue Maschine getätigt werden?" oder „Soll die Marketing-Offensive für das neue Produkt auf diese Art und Weise vorgenommen werden?" Um eine Entscheidungen zu bekommen, müssen Sie dem Entscheider aber auch die entsprechenden Informationen geboten haben. In den meisten Fällen reduzieren sich die Fragen eines Entscheiders auf folgende drei:

- Was kostet das?
- Wann rentiert es sich/was bringt es ein?
- Gibt es Alternativen, die einen ähnlichen Erfolg versprechen?

Denken Sie daran, dass die Kosten sich nicht nur auf Investitionen beziehen, sondern auch weitere Ressourcen (Mitarbeiterleistung, Nutzung vorhandener Mittel etc.) ihre Berücksichtigung finden. Im Fall der Maschine, die angeschafft werden soll, lassen sich die Fragen relativ einfach beantworten. Den Preis der Maschine kann man durch ein Angebot einholen, weitere Kosten durch Schulung von Mitarbeitern etc. lassen sich ebenfalls leicht schätzen. Die neue Maschine reduziert wahrscheinlich Produktionszeiten und eventuelle Instandhaltungskosten an einer veralteten Maschine, so dass eine klare Ersparnis errechnet werden kann, die dann zu einer Rentabilitätsüberlegung führt. Die Alternative wäre wahrscheinlich die Arbeit mit der veralteten Maschine.

Für die Marketing-Offensive können die entstehenden Kosten auch sehr klar dargestellt werden. Der Erfolg einer Marketing-Offensive lässt sich dagegen nur schätzen, es gibt immer einen gewissen Risiko-Faktor. Dennoch ist eine ungefähre Aussage über die Rentabilität der Aktion möglich.

Handelt sich bei der Entscheidung um eine solche zwischen mehreren Alternativen, sollten Sie am Ende Ihrer Präsentation noch einmal die Vor- und Nachteile der verschiedenen Möglichkeiten im Überblick (z. B. in Form einer Tabelle) darstellen. Idealerweise passen diese Informationen auf eine Folie oder ein Chart-Papier, so dass ein Vergleich leicht möglich ist. Machen Sie sich darauf gefasst, dass von Ihnen als Präsentator eine Empfehlung verlangt wird. Schließlich haben Sie sich intensiv mit dem Thema auseinandergesetzt.

Vor welche Entscheidung Sie die Zuhörer auch stellen, machen Sie sich klar, dass diese sich die Argumente nicht selbst zusammensuchen und in den richtigen Kontext stellen wollen. Sie müssen Ihr Publikum lenken und auf die wesentlichen Entscheidungsfacetten aufmerksam machen. Nur dann können Sie auch davon ausgehen, dass eine Entscheidung getroffen wird. Ist dies nicht möglich, erfragen Sie, welche Informationen noch fehlen und wie Sie die Entscheidung beschleunigen können. Manchmal können Sie als Präsentator nicht alle Schnittstellen und Abhängigkeiten, die eine Entscheidung mit sich bringen würde, einschätzen. Im Zweifelsfall fragen Sie den Entscheidungsträger im Vorfeld Ihrer Präsentation, welche die wesentlichen Faktoren für die Entscheidung sind. Dann können Sie sich noch zielgerichteter vorbereiten.

Medien gekonnt einsetzen

In Carola Müllers Firma gibt es einen Beamer. An einem Freitagabend legt sie einige PowerPoint-Folien an. Sie ist ganz fasziniert von den Möglichkeiten, Farbe, Klänge und Bewegung in die Präsentation zu bringen. Sie lässt bunte Pfeile ins Bild fliegen und die Headlines wippen. Sie hat eine Menge ClipArt-Bilder bearbeitet, die das Ganze zusätzlich aufpeppen sollen. Plötzlich steht Manfred Berger in ihrem Büro und schaut ihr über die Schulter. „Na, wie kommst du voran?“ will er wissen. „Super!“ meint Carola Müller, „schau doch nur!“

Manfred Berger ist sprachlos. „Carola, ist das nicht ein bisschen ..., naja, überladen?“ Carola Müller stutzt: „Überladen? Ich will einfach, dass mein Konzept auch optisch überzeugt!“ „Ja, sicher“, meint Manfred Berger, „aber ich finde es ehrlich gesagt, etwas verwirrend.“ „Verwirrend? Was meinst du damit?“ fragt Carola Müller zerknirscht.

„Eigentlich sollen die Medien nur unterstützen, was du sagst. Und nicht davon ablenken. Glaubst du, dass dir der Chef noch zuhört, wenn er sich ständig fragt, aus welcher Ecke der nächste Pfeil ins Bild rast?“ „Ja, verstehe. Da bin ich wohl ein bisschen zu kreativ gewesen“, gibt Carola Müller schmunzelnd zu. „Außerdem sehe ich, dass du 15 Folien vorbereitet hast. Das ist eindeutig zu viel! Sieben würden für deinen Vortrag vollauf genügen. Du musst dich beschränken. Ich höre schon Uwe Hofer spötteln, dass du dich aus lauter Angst an deine Folien geklammert hast ...“

Der Auswahl der Präsentationsmedien wird gerade von Anfängerseite her für gewöhnlich eine große Bedeutung zugemessen. Das ist verständlich, sind es doch die Medien, die das gesprochene Wort unterstützen und Sicherheit geben. Vorbereitete Folien, Bilder oder Charts sind so etwas wie fixe Bezugspunkte, auf die sich der Präsentator verlassen kann. Sie sind Gedankenstütze, Verständnishilfe und Rettungsanker, wenn einmal der rote Faden reißt. Und tatsächlich kann eine gelungene mediale Begleitung aus einer guten eine hervorragende

Präsentation machen. Doch eins ist sie nicht: Selbst schon eine gute Präsentation. Das Augenmerk muss immer zunächst auf einer stringenten inhaltlichen Gestaltung liegen, so wie es in den vorangegangenen Kapiteln erörtert wurde. Medien unterstützen, führen aus, verdeutlichen, steuern Emotionen. Ob Sie mit Ihrer Präsentation erfolgreich sind, ist aber weniger eine Frage der Technik, sondern Ihrer Persönlichkeit, Ihrer Stärken. Natürlich spielen auch Ihr Publikum, das Thema, Ihre Zielsetzung usw. eine wichtige Rolle.

Bevor Sie Ihre Medien wählen und gestalten, sollte also die inhaltliche Struktur stehen. Im Training beobachten wir sehr häufig, dass eine Präsentation um eine ausgesprochen schicke Grafik herum gebastelt oder der Zuhörer mit Bildern erschlagen wird. Sie können sich vorstellen, dass die Ziel- oder Zuhörerorientierung der Präsentation darunter stark leidet. Daher unser Appell: Welche Anregungen und Hilfen Sie auch immer aus dem folgenden Kapitel ableiten, bedenken Sie: Medien sind nur Mittel zum Zweck! Wählen Sie aus, was die Ziele Ihrer Ausführungen am besten unterstützt.

„Mann, das ist ja eine richtige Moralpredigt," beklagt sich Carola Müller bei ihrem Kollegen. „Ja klar," gibt Manfred Berger zurück, „aber ich habe mich eben bei deiner Präsentation ein-, zweimal gefragt, warum du jetzt gerade dieses Bild gezeigt hast!" „Ich wollte meine Aussage einfach mit schönen Abbildungen unterstreichen, das Auge des Betrachters ist doch wichtig für die Entscheidungsbildung!" „Da hast du schon Recht", gibt ihr Kollege zu, „doch passten sie nicht zu deinen Worten! Welche Intention hast du mit deinen Bildern verfolgt? Nach meinem Eindruck haben dich deine Abbildungen sogar eher noch in Bedrängnis gebracht." „Wie denn das?" „Na ja, es war kaum zu überhören, dass du dich genötigt gefühlt hast zu erklären, warum du nun dieses oder jenes Bild platziert hast. Und das hat gestört." „Tja, ich verstehe, was du meinst. Vielleicht sollte ich fürs nächste Mal etwas vorsichtiger vorgehen." „Nicht vorsichtiger," beruhigt Manfred Berger seine irritierte Kollegin, „nur planmäßiger."

Welche Medien eignen sich wofür?

Angenommen, Sie haben Ihre Präsentation inhaltlich bereits gut strukturiert und wollen Ihre Aussagen nun mittels Medien unterstreichen. Ihnen stehen folgende Medien zur Auswahl:

- Beamer
- Overheadprojektor/früher: Tageslichtschreiber
- Flipchart
- Metaplanwand/Pinnwand
- Whiteboard (mit oder ohne Ausgabefunktion)
- Diaprojektor
- TV/Video
- Teilnehmerunterlage/Handout (Papierdruck)

Demonstrationsobjekte

Sehr selten kommen auch sie zum Einsatz. Es gibt sicher Anlässe, zu denen es angemessen ist, Objekte zu zeigen oder herumzugeben. Tun Sie es, wenn es sich bei Ihrem Thema anbietet. Der Mensch lernt, respektive erinnert immer auf drei Ebenen: Kopf, Herz und Hand. D. h., dass im besten Falle sowohl die Kognition (fast immer ist dies ausschließlich der Fall) als auch die Emotion (beispielsweise durch Bilder!) wie auch das praktische Tun angesprochen werden sollten. Gerade die praktische Auseinandersetzung mit der Materie ist es, die die besten Lernerfolge zeigt. Nur etwa zehn Prozent des Gehörten bleibt mittelfristig im Gedächtnis. Wenn die Zuhörer das Gesagte auch visualisiert bekommen, steigt diese Rate schon auf knapp 50 %. Setzen sich die Zuhörer allerdings praktisch mit etwas auseinander (Handlungsorientierung von Seminaren und anderen Veranstaltungen), können Sie hoffen, dass bis zu 90 % erinnert werden.

Daher an dieser Stelle der vielleicht etwas ungewöhnliche Appell, Ihre Präsentation handlungsorientiert zu gestalten. Seien Sie kreativ. Sprengen Sie Grenzen! In unseren Seminaren hören wir fast nichts so häufig wie den Satz „Ich bin halt nicht kreativ.“ Die anschließenden Präsentationen beweisen das Gegenteil. Offenbar ist kreatives Verhalten in unserer medial bestimmten Welt mit einem derart hohen Anspruch belegt, dass sich nur wenige zutrauen, auch kreativ zu sein.

Den gekonnten Einsatz von Demonstrationsobjekten konnte der Autor erst kürzlich auf dem Personalforum einer großen norddeutschen Genossenschafts-akademie erleben. Die Referentin berichtete von neuen Bildungsangeboten im Bereich E-Learning und war sich im Klaren darüber, dass dies für einige der Zuhörer noch relatives Neuland war. Sie wollte aber für ihr Produkt werben und begeistern und musste folgerichtig dafür sorgen, dass sich eventuelle Unklarheiten aufhellten. Was tat sie? Sie unterstützte ihre an sich inhaltlich wie auch rhetorisch sehr wirkungsvoll und charmant vorgetragenen Ausführungen mit einem Glas Wasser und einer Tüte Brausepulver. Sie wissen schon, die Marke, die vor langer Zeit in aller (Kinder-) Munde war und neuerdings eine ungeahnte Renaissance erlebt. Während die Referentin mögliche Unklarheiten in der Anwendung des neuen Systems thematisierte, gab sie das Brausepulver in das Wasser. Natürlich schäumte es und der Inhalt trübte sich ein, was ja auch thematisch sehr gut passte. Während ihrer weiteren Ausführungen deutete die Referentin noch einige Male auf das Glas, dessen Inhalt sich zusehends aufklärte. Und am Schluss, als sie hoffen konnte, viele der inhaltlichen Unklarheiten beseitigt zu haben, war die Flüssigkeit natürlich ebenfalls klar. Leider verlor sich dann der Brause-Faden und die Referentin ließ sich ablenken! Wie schön und erinnerungswürdig wäre es jetzt gewesen, das Glas allen vorzuführen und am Schluss auf das Wohl des Publikums zu leeren. Oder Brausepäckchen zu verteilen.

In der Praxis bieten sich zu solchen Demo-Highlights nur selten Gelegenheiten. Wenn Sie im Arbeitsalltag präsentieren und von der Offenheit Ihrer Zuhörer ausgehen können, möchten wir Sie ausdrücklich ermuntern, sich ein kreatives und „anderes" Vorgehen als üblich zu überlegen. Sie werden ein dankbares Publikum vorfinden und lange im Gedächtnis bleiben. Erweitern Sie Ihren Horizont und Ihr Handlungsspektrum! Sind Sie allerdings im „klassischen" Wirtschaftskontext unterwegs, raten wir Ihnen zur Vorsicht. Hier sollten Sie unserer Erfahrung nach nicht zu kreativ sein bzw. auf Nummer sicher gehen. Was für Sie sicher heißt, hängt natürlich von Ihrer Erfahrung ab. Meist wird es aber so sein, dass man von Ihnen eine bestimmte Form der Darstellung und des Auftretens erwartet. Denken Sie nur an die vielen ungeschriebenen Bekleidungsvorschriften. Es steht zu viel auf dem Spiel: Mit einer peppigen und innovativen Präsentation gewinnen Sie nicht unbedingt. Gerade „reifere" Entscheidungsträger könnten Ihr

Vorgehen missbilligen – und Sie allein deshalb aus dem Rennen werfen. Risiko und Ertrag stehen in keiner günstigen Relation zueinander. Entscheiden Sie!

Um Ihnen einen Überblick über die Einsatzgebiete der gängigsten Medien zu verschaffen, betrachten wir zunächst deren Vor- und Nachteile im Vergleich. Auf Tipps zum Einsatz, zur Gestaltung beispielsweise von Bildern oder Folien kommen wir später.

Beamer versus Overhead

Overhead	
Vorteile	**Nachteile**
■ Kurzfristmedium ■ Laufend präsent ■ Einfache Handhabung ■ Mehrfach einsetzbar ■ Gut vorzubereiten ■ Skizzen während der Präsentation möglich ■ Einfaches Zeigen auf Folie ■ Fast immer vorhanden	■ Nur während der Projektionsdauer sichtbar ■ Bietet wenig Platz ■ Bindet die Aufmerksamkeit an die Projektionswand ■ Gilt als veraltet ■ Folien nicht veränderbar

Beamer	
Vorteile	**Nachteile**
■ Keine Folien mehr nötig ■ Besserer Kontakt zu den Zuhörern, da Auflegen von Folien entfällt ■ Präsentation kann bei Veränderungen leichter aktualisiert werden ■ Gezieltes Hin- und Zurückblättern ohne störendes Suchen möglich ■ Animation, Interaktivität möglich ■ Auch Vertonung möglich ■ Mit gutem Gerät bereits Videoqualität – Ersatz von Diaprojektor und TV/Video	■ Nur während der Projektionsdauer sichtbar ■ Qualität der L-CDs oder Größe der Geräte oft noch unbefriedigend ■ Teilnehmer können mit Bilderflut überfordert werden ■ Empfindliche Technik ■ Sündhaft teure Lampen ■ Know-how ist notwendig ■ Verleitet dazu, etwas an der Wand zu zeigen ■ Anschaffungskosten

Der Overheadprojektor gehört zu einer akut bedrohten Spezies. Nutzen Sie wann immer es geht einen Beamer. Auch wenn er teurer, komplizierter oder (noch) selten vorhanden ist: Eine wichtige Präsentation wird man kaum noch ohne Beamer finden. Lassen Sie dem Overhead sein Reservat im Arbeits- oder Teamsitzungsraum, dort reicht er allemal und kann dann auch seine Vorteile wie Handhabbarkeit und die Möglichkeit zur Entwicklung von Skizzen während der Präsentation ausspielen.

Flipchart versus Metaplanwand (Pinnwand)

Flipchart	
Vorteile	**Nachteile**
■ Dauermedium ■ Laufend präsent ■ Einfache Handhabung ■ Gut vorzubereiten ■ Situativ einsetzbar ■ Spontane Ideen visualisierbar	■ Begrenzter Platz ■ Nur bis 8 m lesbar ■ Hoher Papieraufwand ■ Charts sind schlecht archivierbar ■ Umblättern kann störend sein ■ Suchen bestimmter Charts schwierig
Metaplanwand	
Vorteile	**Nachteile**
■ Dauermedium ■ Laufend präsent ■ Bietet viel Platz ■ Jederzeit veränderbar ■ Aktive Gestaltungs-möglichkeiten ■ Moderationsmethode ■ Können zu mehreren im ganzen Raum verteilt werden	■ Schwer zu transportieren ■ Aufwändige Ergebnissicherung ■ Nur bis ca. 8 m lesbar ■ Nadeln, Karten etc. nötig ■ Methodische Übung nötig ■ Brownpaper oft Mangelware

Unser Votum fällt hier uneindeutiger aus. Weder Flipchart noch Metaplanwand haben unserer Ansicht nach entscheidende Nachteile. Vielleicht haben Sie jedoch andere Erfahrungen gemacht. Jedes Medium für sich bietet Vorteile, die aber stark von den jeweiligen situativen Erfordernissen abhängen. Wollen Sie im klassischen Sinne moderieren? Mit Karten, Nadeln, Clustern etc.? Oder möchten Sie Papier zur Verfügung haben, um Ihre Ausführungen bei Bedarf skizzenhaft erläutern zu können? Aus der Erfahrung empfehlen wir Ihnen Folgendes:

- Wenn Sie eine klassische Präsentation halten, können Sie auf eine Metaplanwand verzichten.
- Könnte Ihre Präsentation dazu führen, dass Entscheidungen oder Maßnahmenpläne formuliert werden, sorgen Sie unbedingt für mindestens (!) eine Metaplanwand und den dazugehörigen Moderationskoffer. Denn die Metaplanwand ist ideal zur Strukturierung derartiger Prozesse. Zur Handhabung später mehr.
- Bestehen Sie dagegen auf einen Flipchart! Sei es nur, um Ihren Namen darauf zu notieren und für den Notfall etwas zum Schreiben zu haben. Flipchart ist Pflicht. Nutzen Sie den Flipchart ruhig zu mehr. Wie wäre es mit einer herzlichen Begrüßungsformel, die alle Zuhörer sehen, wenn Sie herein kommen? Es wirkt unschön, wenn bereits das erste Chart aus dem Beamer dringt und die Begrüßung kühl von der Präsentationswand strahlt, ohne dass die Veranstaltung schon begonnen hat. Und im Laufe der Präsentation eine Skizze zu entwickeln kann nicht nur sehr erhellend sein, sondern auch sehr professionell wirken.

Whiteboard

Ein Whiteboard ist selten. Am ehesten ist es noch dort zu finden, wo Techniker oder Ingenieure zusammensitzen und in gemeinsamer Arbeit Skizzen entwickeln. Dafür eignet sich ein Whiteboard hervorragend, denn die Schrift ist ebenso schnell und unproblematisch an der Wand wie von der Wand. Als Präsentationsmedium ist es spätestens dann nicht mehr geeignet, wenn der offizielle Rahmen über den einer Teamsitzung hinausgeht. Also fast immer.

Diaprojektor

Sollten Sie in Ihrer Präsentation Diapositive zeigen wollen, so brauchen Sie einen Projektor. Nach heutigem Stand der Technik lassen sich Beamer noch nicht mit profanen Dias füttern. Wenngleich die Bildqualität eines eingescannten Fotos in Verbindung mit einem leistungsfähigen Beamer immer besser wird. Da die Projektionslampen in normalen Diaprojektoren in Sachen Helligkeit denen eines modernen Beamers weit unterlegen sind, kommt hier auch das Problem der Raumverdunklung hinzu. Dennoch können gut gewählte Dias ein sehr funktionales Element Ihrer Präsentation sein. Achten Sie aber auf die technischen Aspekte wie auch auf die Regie: Wann muss verdunkelt werden? Wie lange? Wie groß ist das Bild an der Wand etc.? Vermeiden Sie lange Umbaupausen. Und bedenken Sie: Je länger Ihre Diashow dauert, desto länger ist es dunkel. Mit nahe liegenden Folgen.

TV/Video

Sowohl der Fernseher als auch das Videogerät dürften von der Handhabung her keine Schwierigkeiten bereiten. Leider steckt der Teufel wie so oft im Detail. Die wohl häufigste Panne: „Ich finde leider den richtigen Kanal nicht. Wissen Sie zufällig, ob es AV1, AV2 oder doch die 0 ist?" Wenn Sie Video- und Fernsehgerät sonst nicht in diesem Raum zusammen betreiben, müssen Sie unbedingt alle Verbindungen vorher prüfen. Die Geräte sind häufig unterschiedlich alt, so dass auch guter Sachverstand schnell versagt. Dessen ungeachtet sollten Sie in Ihrer Präsentation am besten auf diese Medien verzichten, wenn Sie nicht unbedingt eine Filmsequenz zeigen müssen. Das Bild ist zu klein, der Ton oft zu schlecht, meistens sitzt irgend jemand irgend jemandem im Blick – um nur einige Mängel zu nennen. Zeigen Sie bewegte Bilder per Beamer.

Teilnehmerunterlagen

Wenn Ihre Ausführungen einen hohen Informationsgehalt besitzen, sind Unterlagen unverzichtbar und sollten sorgfältig gestaltet sein. Möchten Sie in einer flammenden Rede von etwas begeistern und wird das Ergebnis Ihrer Bemühungen aller Voraussicht aus „Ja" oder „Nein" bestehen, können Sie vermutlich auf ein Handout verzichten. Wenn Sie es als sinnvoll erachten, eine kleine werbewirksame Unterlage mit Kernthesen oder Ihrer Nutzenargumentation auszuteilen, dann tun Sie es bitte. Aber achten Sie auf Funktionalität. Prinzipiell raten wir Ihnen, den Teilnehmern eher mehr in die Hand zu geben und dies auch häufiger zu tun als üblich. Tipps zur Gestaltung geben wir Ihnen später.

Die richtige Handhabung und Gestaltung

Nun wollen wir uns genauer mit der medialen Gestaltung Ihrer Präsentation und der Handhabung der Technik beschäftigen. Hier einige Hinweise, worauf Sie beim Einsatz von Präsentationshilfen achten sollten.

1. Visuelle Hilfen immer vorher testen

- Technische Voraussetzungen prüfen: Steckdose, Lichtverhältnisse, Verlängerungskabel etc.
- Vorher die Reihenfolge der Charts festlegen => Präsentationshandbuch festlegen.
- Die beabsichtigte Wirkung (Lesbarkeit, Akustik usw.) testen.

2. Auf gute Gestaltung achten

- Einfach und nachvollziehbar formulieren.
- Einheitliches Layout wählen.
- Max. drei bis vier Farben.
- Groß- und Kleinschreibung verwenden.
- Wichtiges durch Fettdruck oder Unterstreichung kennzeichnen.
- Besser Quer- als Hochformat.

3. Visuelle Hilfen gezielt einsetzen

- Visuelle Hilfen erst einsetzen, wenn Sie in den Kontext passen.
- Verschiedene visuelle Hilfen kombinieren: Laptop (Beamer), Prospekte etc.

4. Freie Sicht auf die Medien sicherstellen

- Laptop so positionieren, dass es keine optische Barriere zwischen Ihnen und dem Zuhörer darstellt.
- Stets Blickkontakt mit dem Publikum halten.
- Zu den Zuhörern sprechen und nicht zur Leinwand oder zum Bildschirm.

5. VISUELLE HILFEN WIRKEN LASSEN

- Beim Wechsel der Folien stets eine kurze Pause machen, damit das Publikum genug Ruhe zum Betrachten hat.
- Fragen Sie nach, ob die visuellen Hilfen (Diagramme, Statistiken) richtig verstanden wurden.
- Abkürzungen und Fachbegriffe erklären.

Handhabung des Flipcharts

Ein Flipchart ist in der Handhabung relativ bequem und sicher. Gut ausgestattete Modelle verfügen über Rollen und sind dadurch mobil. Positionieren Sie das Flipchart so, dass Sie schreiben und es alle anderen sehen können. Also vorn in der Mitte. Sprechen Sie nicht, während Sie schreiben, darunter leidet die Verständlichkeit und es wird im Allgemeinen auch als unhöflich empfunden. Dieser Hinweis gilt im Übrigen für alles, was Sie dort vorn tun, ob es nun schreiben, anpinnen oder Sonstiges ist. Bei älteren Modellen achten Sie darauf, dass die Beine fest verschraubt sind. Aus optisch-ästhetischen Gründen kann es vor Ihrer Präsentation sinnvoll sein, die Beine auf gleiche Höhe zu bringen. Unterschätzen Sie nicht den Papierbedarf, der Block sollte genug Blätter haben. Es wirkt nicht professionell, wenn Sie auf den Rückseiten weiterschreiben müssen. Legen Sie sich die benötigten Stifte zurecht, manche Flipcharts haben auch einen Becher an der Seite. Suchen Sie vor der Präsentation einen Platz im Raum, wo Sie wichtige Charts aufhängen können. Denken Sie dafür an Klebeband, falls keine Magnet- oder Klapphalter vorhanden sind. Es gibt perforierte Blöcke, die das Abreißen erleichtern. Andernfalls klappen Sie die Arretiermechanik hoch und entnehmen das Blatt als Ganzes. Das Blatt an der Unterseite der Mechanik mit einer Nadel anzuritzen und dann abzuziehen erfordert etwas Übung, schindet aber Eindruck.

Ein abschließender Hinweis, der für alle Gerätschaften in Ihrer näheren Präsentationsumgebung gilt: Halten Sie sich nicht an diesen fest. Das wird in aller Regel als Unsicherheit gewertet und behindert Sie auch in Ihrer Dynamik. In der Tat ist das „Klammern" meistens ein Zeichen von Nervosität (Halt suchen). Sprechen Sie frei, nehmen Sie sich den Raum, den Sie für eine wirksame Entfaltung Ihrer Botschaften und Ihrer Persönlichkeit brauchen. Gehen Sie auf die Zuhörer ein, indem Sie sich tatsächlich einige Schritte auf sie zu bewegen. Den Zuhörer dort abzuholen, wo er steht, dürfen Sie durchaus wörtlich nehmen.

Hinweise zur Gestaltung

- Für Diagramme, Skizzen, Schlagworte, Listen, Tabellen usw. geeignet.
- Nur eine Kernaussage pro Chart.
- Maximal sieben Zeilen Text.
- Wichtiges durch Farben, Rahmen oder Symbole hervorheben.
- Charts mit viel Text vorher vorbereiten, damit Sie nicht gleichzeitig schreiben und sprechen müssen.
- Schriftgröße: mind. 5 cm mit Ober- und Unterlänge, Groß- und Kleinschreibung vorsehen, Druckschrift verwenden.
- Max. drei verschiedene Farben verwenden. Hierbei beachten: Schwarz und Blau sind Schriftfarben, Rot und Grün Zeichen- bzw. Strukturierungsfarben (für Hervorhebungen, Symbole etc.).

Handhabung der Metaplanwand

Die Metaplan- oder Pinnwand (Metaplan rührt von der so genannten Metaplantechnik in der Moderation her, desgleichen die Metaplankarten) ist in der Handhabung ungleich komplexer und vielseitiger als das Flipchart. Hier lauern Tücken aufgrund der baulichen Beschaffenheit. Viele Pinnwände haben einklappbare Füße, die im ungünstigsten Falle das Stehvermögen beeinträchtigen. Für den Transport der Wand nehmen Sie die Metaplanwand am besten auf den Rücken, so halten Sie Blickkontakt zum Publikum und können etwas besser kalkulieren, wo Sie mit den Füßen der Pinnwand hängen bleiben werden. Die Bespannung mit Packpapier (Brownpaper) sollten Sie ordentlich vornehmen. Nach wie vor gibt es dieses Papier auch auf dicken Rollen. Meiden Sie diese. Das Format stimmt meistens nicht, von der Sauberkeit der Abrisskante ganz zu schweigen. Im Publikum sitzen mehr Pedanten als Sie meinen! Und die äußere Form ist in der Regel das, was der Zuhörer als Erstes sieht und worauf sicher auch ein Teil seines Ersteindrucks beruht.

Viele Pinnwände sind in der Höhe verstellbar. Richten Sie sich die Höhe so ein, dass es fast schon unbequem wird, die erste Zeile zu schreiben. Dafür können Sie dann im unteren Teil des Papiers leichter schreiben und Ihnen bleiben Bücklinge oder gymnastische Übungen erspart. Wenn Sie ganz unten formvollendet schreiben wollen, benötigen Sie die ganz breiten Moderationskarten (etwa 10 x 50 cm). Diese beschriften Sie am Tisch und heften sie dann erst an die Pinnwand. Diesen Tipp geben manche Trainer den Teilnehmerinnen ihrer Moderationstrainings. Mag sein, dass dies mit den Begrenzungen von Röcken zu tun hat, mag auch sein, dass man hier mehr auf Eleganz oder wohlgemeinte Prüderie abzielt. Wir empfanden diese Empfehlung bislang jedenfalls weder als sinnvoll noch abwegig.

Die Kunst des Anpinnens

Ein weiteres Übungsfeld für diejenigen unter Ihnen, die noch nicht mit der Metaplanwand gearbeitet haben, dürfte die Technik des Anpinnens sein. Man beobachtet zwei Wege: Die eine Fraktion nimmt Nadel und Karte und platziert diese mit leichtem Druck an der Wand. Greift dann mit der freien Hand die Wandseite und sticht die Nadel samt Karte ein. Die Geübteren treten dabei mit einem Fuß auf einen Fuß der Pinnwand, um die Stabilität zu erhöhen. Die andere Fraktion wählt einen etwas martialisch anmutenden Weg, der aber deutlich schneller zum Ziel führt: Mit der Nadel kurz gezielt und die mit der anderen Hand platzierte Karte in die Wand – ja, gedonnert würde es gut umschreiben. Wir empfehlen Ihnen, es der zweiten Fraktion gleich zu tun, es geht einfach schneller. Und die Verletzungsgefahr Ihres linken Daumens (bei Rechtshändern) ist wirklich vernachlässigbar gering.

Verwenden Sie ruhig mehrere Wände beispielsweise als Galerie, um auch in den Pausen mit Ihren Zuhörern weiter an den Inhalten arbeiten zu können.

Hinweise zur Gestaltung

- Für längerfristig wichtige Informationen, Grafiken und Symbole einsetzbar.
- Zusammengehörige Informationen systematisch anordnen (Clustern).

- Wichtiges umrahmen oder unterstreichen.
- Schriftgröße mind. 2 cm.
- Zusatzmaterial (Moderationskarten, Kreise, Wolken u. a.) verwenden.
- Nehmen Sie maximal drei Zeilen auf eine Karte.
- Farbwahl s. o.
- Stichworte, keine Texte verwenden.
- Kreatives Gestalten ist erwünscht, es muss lediglich den Zielen der Gruppe dienlich sein.

Ansonsten gelten die Regeln der Moderationsmethode, die hier allerdings den Rahmen unseres Ratgebers sprengen würden.

Schrift

Eine schöne Schrift kann erlernt werden. Das ist die gute Nachricht. Es erfordert allerdings viel Disziplin, soweit die schlechte Nachricht. Ein Kollege des Autors hat sich ein ganzes Wochenende mit einem Flipchart eingeschlossen und nach den Vorgaben der Moderationsmethode seine Handschrift trainiert. Das Resultat war sehr überzeugend, es geht also. Bitte beherzigen Sie: Die Aussage, dass die Schrift etwas sehr Persönliches ist, ist eine Ausrede. Üben Sie so gewissenhaft, dass Lesbarkeit, optisch-ästhetischer Anspruch und Aufwand bzw. Schreibgeschwindigkeit in einem sinnvollen Verhältnis zueinander stehen.

Generell gelten im Sinne der maximalen Lesbarkeit folgende Regeln (Lesbarkeit ist abgeleitet von den „normalen“ Lesegewohnheiten unseres Auges):

- Groß- und Kleinbuchstaben verwenden.
- Druckbuchstaben, keine Schreibschrift.
- Schrifthöhe des einzelnen Großbuchstabens am Flipchart etwa 5 cm, an der Metaplanwand mindestens 2 cm.
- Die Kleinbuchstaben sollten in der Größe etwa zwei Drittel des Großbuchstabens ausmachen.
- Halten Sie den Stift so, dass Sie mit der breiten Kante schreiben. Eine bestimmte Markersorte hat spezielle Griffmulden, wenn Sie den Stift dementsprechend halten, schreiben Sie automatisch richtig.

- Denken Sie an die Schrift- und Strukturierungsfarben.
- Vergewissern Sie sich zwischendurch, ob Ihre Schrift auch in den hinteren Reihen lesbar ist.

Bei der Beschriftung von Moderationskarten gilt Analoges.

Gestaltung von Folien

Es gibt einige Grundsätze in der Gestaltung von Folien, unabhängig davon, ob Sie mit einem Beamer oder dem Overhead arbeiten. Folien unterstützen Ihren Vortrag, ergänzen ihn, sind *nicht* der Vortrag selbst! Überlegen Sie bitte in Ihrer Planung genau: Warum soll gerade dieser Inhalt in der Form auf eine Folie? Könnte man die Folie vielleicht straffen? Ginge es dann nicht auch ganz ohne diese Folie? Dies ist kein Plädoyer für eine Veranstaltung ohne Visualisierung. Die Erfahrung lehrt hier nur sehr eindeutig: Weniger ist tatsächlich manchmal mehr!

So sehen Ihre Folien gut aus

- Faustregel: Maximal acht bis zwölf Folien in 30 Min.
- Gliederung durch Überschriften und Absätze.
- Max. sechs bis sieben Zeilen pro Folie.
- Nur eine Kernaussage pro Folie.
- Zitate und wichtige Aussagen dürfen als Text erscheinen (je eigene Folie), ansonsten gilt: Auf Folien gehören nur Stichworte!
- Schriftgröße mind. 5 mm für kleine und 7 mm für große Buchstaben, max. zwei Schrifttypen verwenden.
- Nur zwei bis drei kräftige Farben einsetzen (kein Gelb oder andere sehr helle Farben – sind an weißer Projektionswand kaum sichtbar).
- Bei handschriftlichen Folien (Notizen während der Projektion) Druckschrift verwenden.

Bilder

Die Wahl von Bildern will überlegt sein. Einerseits wollen Sie keine trockene und wenig anschauliche Präsentation, andererseits aber auch keine überladene, vom eigentlichen Inhalt ablenkende Show. Mit Bildern sind nicht Grafiken oder Skizzen gemeint, die Elementares Ihrer Ausführungen verdeutlichen. Bedenken Sie: Es gibt unterschiedlich fixierte Wahrnehmungstypen. Einige Ihrer Zuhörer werden vornehmlich auditiv, also über das gesprochene Wort erreichbar sein, andere wiederum eher visuell, also über die bildhafte Darstellung. Eine dritte Gruppe gehört zu den Haptikern, die gerade dann viel aufnehmen und memorieren, wenn sie die Dinge fühlen können. Für diese Gruppe bieten sich Demonstrationsobjekte oder eine handlungsorientierte Gestaltung Ihres Auftritts an.

> Reichen Sie einer Person ein Buch, das einige Bilder enthält. Fragen Sie: „Wollen Sie das Buch lesen?" Die Person wird erst antworten, wenn sie glaubt, alle Bilder beim Durchblättern gesehen zu haben. Bilder sind nicht nur Dekoration. Bilder sind mächtig, sie transportieren und wecken Emotionen. Sie unterstützen die Entscheidung: Das interessiert mich, das interessiert mich nicht.

Bilder müssen den Zuhörern den Nutzen einer Sache demonstrieren oder ihre Neugierde wecken. Generell gilt:

- Bilder vor Texte
- große Bilder vor kleinen Bilder
- farbige Bilder vor schwarz-weißen Bilder
- Aktion vor Statik
- Menschen vor Sachen
- Gruppen vor Einzelpersonen
- Portrait vor Totale
- Augen vor Portrait

außerdem:

- Links wirkt stärker als rechts.
- Rechts wird aber zuerst gesehen.

Überschriften

Manche Menschen lesen nur die Überschriften, deshalb gilt: Packen Sie die Kernaussage und den Nutzen in die Überschrift. Diese sollte generell kurz und prägnant sein.

Lesekurve

Wahrnehmungspsychologisch betrachtet liest der eilige Mensch einen Text in aller Regel nach dem so genannten „Z-Schema". Für gewöhnlich fängt er links oben an, wird dann im Mittelteil schneller, merkt, dass er gerade wenig aufnimmt, konzentriert sich wieder, wird wieder schneller, merkt dies kurz vor Schluss und liest dann die letzte Zeile wieder sehr aufmerksam. D. h. er nimmt Kernbotschaften dann besonders gut auf, wenn sich diese am Anfang, im Mittelteil und am Ende der Seite befinden. Daher sollten Sie in der Nähe der Aufnahmepunkte die positiven oder zentralen Aussagen platzieren. Das gelingt Ihnen, indem Sie:

1. Positiv-Wörter feststellen,
2. die Lesekurve planen,
3. Positiv-Wörter positionieren,
4. die Lesekurve optisch unterstützen.

Teilnehmerunterlagen

Am richtigen Zeitpunkt für die Ausgabe der Teilnehmerunterlagen hat sich schon so manche Diskussion entzündet. Viele Referenten befürchten, dass ihnen nach Ausgabe der Unterlagen niemand mehr zuhört. Die Teilnehmer haben wiederum Angst, dass sie alles mitschreiben müssen. Bedenken Sie, wozu Teilnehmerunterlagen dienen:

- Sie ersparen Mitschreibestress.
- Sie dienen dem späteren Nachlesen.
- Umfangreiche Informationen sind leichter schriftlich mitteilbar.

- Schriftliche Unterlagen sind besser durchdacht als mündliche Aussagen.
- Sie wurden besser formuliert als mündliche Aussagen.

Daher unser Tipp: Teilen Sie die Unterlagen vorher aus. Das bringt natürlich zunächst etwas Unruhe in Ihre Präsentation, vermeidet aber letztlich die skizzierten negativen Gefühle und Gedanken auf Teilnehmerseite. Und das ist sicher ausschlaggebend. Außerdem können sich dann die notorisch Überpünktlichen schon die Zeit informativ vertreiben, während Sie auf die notorischen Zuspätkommer warten. Noch ein paar Hinweise zum Schluss:

- Nicht mit der Einladung verschicken.
- Vor dem Vortrag verteilen und kurze Blätterpause einlegen.
- Derselbe Text wie auf den Vortragsfolien.

Erfolgsfaktor Persönlichkeit

Eigentlich hat Carola Müller keinen Grund zu zittern. Sie hat sich so perfekt vorbereitet, wie man sich nur vorbereiten kann. Trotzdem schläft sie nicht mehr gut und trinkt tagsüber Beruhigungstee. Immer und immer wieder stellt sie sich dieselben Fragen: Was passiert, wenn ich schon die Einleitung verpatze? Wenn ich albern wirke? Wenn ich mir aus Verlegenheit wieder ständig ans Ohrläppchen fasse?" Carola Müller eilt zu Manfred Berger in der Hoffnung, dass er Rat weiß.

„Morgen ist die Präsentation und ich weiß nicht, wie ich die Stunden bis dahin aushalten soll. Ich bin so nervös. Das Dumme ist ja auch, dass diese Zweitpräsentation auf meine Initiative hin zu Stande kam. Wenn ich jetzt versage, wird mich der Chef keines Blickes mehr würdigen. Was soll ich nur tun? Baldrian schlucke ich schon seit Tagen!"

„Nimm nicht zu viel, sonst schläfst du uns noch ein", ulkt Manfred Berger. „Also grundsätzlich weißt du, dass der Chef dich sehr schätzt. Glaubst du, er würde dich präsentieren lassen, wenn er nichts von dir hielte? Außerdem: Aufregung ist völlig normal. Und sie baut sich ganz von alleine ab, wenn du die ersten Sätze gesprochen hast. Wenn du deine Einleitung auswendig gelernt hast, kann also nichts mehr schief gehen. Und jetzt mal ehrlich: Du hast doch Format. Warum solltest du das nicht schaffen? Wenn du ganz natürlich bleibst und zeigst, dass du von deinem Konzept überzeugt bist, dann wirst du Erfolg haben!"

Interessante Themen und eine gelungene Dramaturgie reichen nicht aus, um überzeugend und erfolgreich zu präsentieren. Ob Sie bei Ihrem Publikum ankommen, hängt wesentlich von Ihrer Person und Ihrer Ausstrahlung ab! Es zählt nicht nur das, was Sie in Worten ausdrücken. Die Botschaften, die Sie mit Ihrem Körper, Ihrer Mimik, Ihrer Gestik senden, sind ebenso wichtig. Auch wenn wir es ungern zugeben: Ist uns der Präsentator sympathisch, stimmen wir ihm eher zu, als wenn er uns unsympathisch ist.

Das Eisberg-Modell (siehe Abbildung 8) verdeutlicht dies: Auf der für alle sichtbaren Oberfläche beschäftigt sich eine Präsentation mit einem bestimmten Thema, einer Sachfrage, einem Problem. Das sind die Aspekte, die sich über der Wasseroberfläche befinden, der für alle sichtbare Teil des Eisbergs. Unter der Wasseroberfläche, also kaum sichtbar, spielen aber noch sehr viele weitere Aspekte eine wesentliche Rolle. Auch diese müssen Sie positiv beeinflussen, damit Sie erfolgreich präsentieren können. Sie sollten also „das Eis des Eisbergs schmelzen lassen".

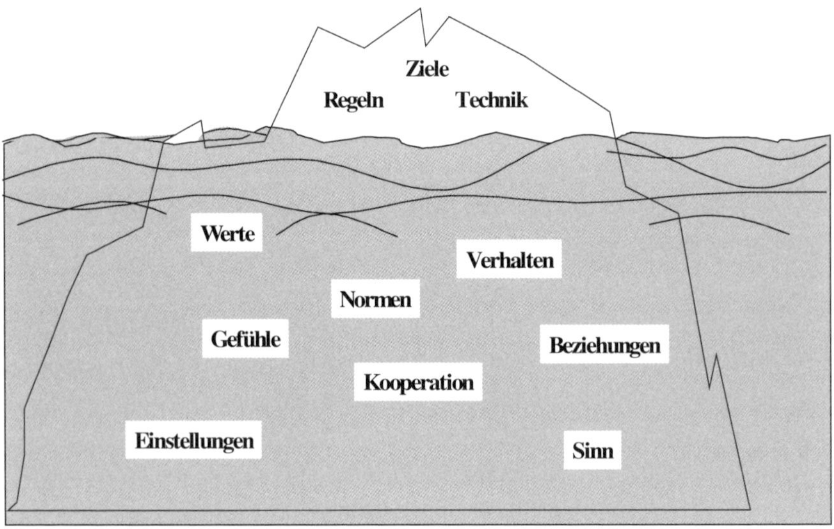

Abbildung 8: Das Eisberg-Modell

Achten Sie auf Ihre persönliche Ausstrahlung

Lernen Sie daher auf Ihre nonverbale Kommunikation zu achten und sie bewusster einzusetzen. Mit einem positiven Einsatz Ihrer Person in der Präsentation ist Ihnen Ihr Erfolg fast schon sicher. Welche Mittel stehen Ihnen zur Verfügung, um nicht-sprachlich mit Ihren Zuhörern zu kommunizieren? Hier eine kurze Übersicht.

Elemente der persönlichen Ausstrahlung

- Körperhaltung
- Mimik
- Gestik
- Stand und Bewegung
- Blickkontakt

sowie:

- Atmung
- Pausen
- Betonung

Wir werden uns in diesem Kapitel nicht nur mit allen diesen Instrumenten genauer beschäftigen. Sie bekommen auch die Möglichkeit, Ihre eigenen Stärken und Schwächen genauer unter die Lupe zu nehmen. Führen Sie unseren Selbstcheck am Ende jedes Abschnitts durch. Übrigens lohnt es sich, andere Präsentatoren, z. B. Kollegen, während ihres Vortrages zu beobachten. Was fällt Ihnen auf? Je besser Sie andere Personen einschätzen können, umso leichter wird es Ihnen fallen, sich selbst zu beobachten.

Wenn Sie ein umfassendes Bild vom Einsatz Ihrer persönlichen Mittel haben wollen, sollten Sie den großen Selbstcheck am Ende dieses Kapitels durchführen.

Warum ist eine gute Haltung wichtig?

Der aufrechte Gang unterscheidet uns Menschen von unseren Artgenossen. Aber gehen wir überhaupt aufrecht? Wie oft sieht man Menschen mit stark gebeugtem Gang, hochgezogenen Schultern oder Hohlkreuz. Grundsätzlich gibt es zwei Gründe, warum eine aufrechte Körperhaltung wichtig ist. Zum einen ermöglicht sie uns eine optimale Aufnahme von visuellen und akustischen Signalen – also hören und sehen wir in dieser Haltung besonders gut. Der aufrechte Gang war der evolutionäre Vorteil unserer Vorfahren, dadurch konnten sie sowohl Gefahren als auch Nahrungsquellen früher erkennen und sich im Kampf gegen andere Lebewesen durchsetzen. Auch heute hilft uns der aufrechte Gang, einen guten Überblick zu bekommen. Ist es nicht so, dass man sich immer dann besonders reckt und streckt, wenn man etwas genau sehen oder hören will? Der beste Beweis dafür, dass ein aufrechter Gang wichtig ist. Sie werden auch feststellen, dass Sie sich zu Beginn einer Präsentation als Zuhörer eine aufrechte Sitzposition suchen, wenn Sie sehr interessiert sind und alles genau hören und sehen wollen. Wenn Sie als Präsentator nicht aufrecht stehen, sondern z. B. eine gebückte Haltung einnehmen, können Sie Ihr Auditorium weniger gut überschauen und z. B. schlechter Blickkontakt halten oder Regungen wahrnehmen. Eine aufrechte Haltung ist also wesentlich für einen guten visuellen und akustischen Überblick während der Präsentation.

Aber die aufrechte Körperhaltung wirkt auch auf Ihre Zuhörer. Wer aufrecht steht, wirkt selbstbewusst und seine Bewegungen sehen elegant aus. Wer selbstbewusst wirkt, hat mehr Überzeugungskraft. Haben Sie z. B. einen ausgeprägten Rundrücken, wirken Sie unsicher, im Extremfall wie jemand, der sich dauernd duckt, also verstecken will. Jemand, der so aussieht, als wolle er sich verstecken, kann vom Inhalt seiner Präsentation nicht besonders überzeugt sein.

Eine aufrechte Haltung hat Vorteile

- Sie nehmen besser wahr, was in Ihrem Auditorium passiert.
- Sie können schneller auf Regungen im Publikum reagieren.
- Sie wirken selbstbewusst und überzeugend.

Wie sieht die richtige Körperhaltung aus?

Diese Frage lässt sich sehr einfach beantworten. Jemand hat eine gerade Körperhaltung, wenn sein Rücken gerade ist und die Schultern locker herunterhängen. Das Kinn zeigt leicht zur Brust, damit die Wirbelsäule im Nackenbereich ebenfalls gerade ist.

Die richtige Körperhaltung

Wie unsere Körperhaltung aussieht, entscheidet sich spätestens im Säuglingsalter, teilweise sogar schon im Mutterbauch. In der Gebärmutter nehmen wir erste Sinnesempfindungen wahr. Als Baby entwickeln wir unsere motorischen Fähigkeiten jeden Tag weiter. Es beginnt mit der kontrollierten Kopfbewegung, geht weiter mit dem Ellbogenstütz und der ersten aufrechten Schulterhaltung. Wenn Sie z. B. als Baby diese aufrechte Schulterhaltung nicht gut erlernen, werden Sie später nur schwer eine gute Schreibhaltung finden. Die nächsten Stationen der motorischen Entwicklung im Säuglingsalter sind das freie Drehen und eine aufrechte Kopfhaltung, die zum ersten Mal eine gute Raumwahrnehmung ermöglichen. Dann folgen das Robben, der Vierfüßlerstand und das Krabbeln. Hier erfährt der Säugling Gleichgewichtswahrnehmungen, die es ihm ermöglichen, irgendwann zu laufen oder gar auf einem Bein zu stehen.

Ein Säugling, der diese Entwicklung nicht optimal durchlebt, entwickelt sich zu einem Erwachsenen mit Haltungsproblemen. Die eigene Körperhaltung lässt sich nur schwer durch bewusste Einflussnahme steuern, weil sie auf Erfahrungen im Säuglingsalter zurückgeht. Deshalb fällt es uns auch so schwer, auf den guten Rat der Eltern „Halt dich gerade Kind!" zu reagieren.

Selbstcheck: Habe ich die richtige Körperhaltung?

Ob Sie die richtige Körperhaltung haben, können Sie einfach vor dem Spiegel testen. Stellen Sie sich so hin, dass es für Sie bequem ist, Sie sich entspannt fühlen. Dann habe Sie die für Sie „normale Haltung" eingenommen. Stellen Sie sich nun seitlich vor den Spiegel und überprüfen Sie, ob Ihr Rücken von Kopf bis Becken eine gerade Linie bildet.

Stellen Sie sich nun frontal vor den Spiegel und betrachten Sie Ihre Schultern. Diese sollten leicht abfallen.

Sie können sich aber auch Rückmeldung von einer anderen Person geben lassen. Fragen Sie diese nicht nur nach der Art Ihrer Körperhaltung, sondern auch danach, wie diese Haltung wirkt.

Falls Sie häufiger unter Beschwerden wie Rückenschmerzen, Kopfschmerzen usw. leiden, könnte das ein Hinweis auf eine schlechte Körperhaltung sein.

Eine gute Körperhaltung bekommen

Bei kleineren Problemen können Sie die Körperhaltung relativ einfach beeinflussen. Zum Beispiel trainieren Sie sich an, Ihre Schultern locker zu lassen. Größere Korrekturen der eigenen Haltung sind meist sehr schwierig, weil sie mit Muskelschmerzen verbunden sind: Die Muskeln haben sich schließlich an die jahre- oder jahrzehntelange falsche Haltung gewöhnt und leiden unter dem Umgewöhnungsprozess. Das ist der Grund dafür, dass viele aufgeben und wieder in ihre alte Haltung zurückfallen. Besonders in Stresssituationen (wie z. B. während einer Präsentation) fällt eine bewusste Steuerung der Körperhaltung schwer.

Wer seine Haltung nachhaltig verändern will, sollte eine Therapie der Sensorischen Integration durchführen. Hier gehen Sie unter Anleitung eines Physiotherapeuten zurück in die Bewegungsabläufe eines Säuglings, also dorthin, wo die Fehler gemacht wurden. Sie erlernen noch einmal das richtige Drehen, den richten Vierfüßlerstand, das richtige Aufrichten usw. Ihre alten Bewegungsmuster werden durch ständiges Üben von den neuen, „richtigen" überschrieben und dadurch wird die aufrechte, „richtige" Körperhaltung nach und nach zu Ihrer normalen Haltung.

Eine lebendige Mimik fasziniert

Unter Mimik versteht man das Mienen- und Gebärdenspiel. Die Mimik liefert die wichtigsten Hinweisreize, die wir zur Interpretation und Einschätzung einer Situation heranziehen. Deshalb ist es für uns auch so schwierig, sich mit einem Menschen zu unterhalten, der die gesamte Zeit wegsieht. Wir wollen aus dessen Mimik herauslesen, wie er zu uns und dem was wir sagen steht.

Mimik lässt sich immer auf eine physiologische Notwendigkeit zurückführen. Wenn wir uns z. B. erschrecken, reißen wir Augen und Mund weit auf. Das dient dazu, in einer gefährlichen Situation besser sehen und atmen zu können. Mimik spiegelt also unmittelbar unsere Empfindungen. In einer Präsentation erfüllt eine gute Mimik drei wesentliche Aufgaben, sie

- ist eine Form der Betonung,
- weckt Interesse und erhält es aufrecht,
- ermöglicht uns, Wahrheit und Unwahrheit zu erkennen.

Woran finden Sie heraus, ob etwas ironisch oder ernst gemeint ist? Sie schauen dem Menschen ins Gesicht. Das ist die vornehmliche Rolle der Mimik: Sie verdeutlicht, wie eine Aussage gemeint ist. Ein Mensch mit einer lebendigen Mimik hat es leichter, Interesse zu wecken. Man schaut ihm gerne beim Reden zu und schenkt den Inhalten seines Vortrages automatisch mehr Aufmerksamkeit. Wenn sich in einem Gesicht nichts regt, warum sollte man es dann anschauen? Die Augen des Zuhörers wandern dann durch den Raum, ebenso seine Gedanken.

Was geschieht, wenn die Mimik nicht zum Gesagten passt? Dann schwindet das Vertrauen in den Redner. Ein Verkäufer, der mit gelangweiltem Gesicht ein tolles Produkt verkaufen will, wird wohl kaum Kunden finden.

Wann stimmt die Mimik?

In erster Linie muss die Mimik mit dem Inhalt des Gesagten übereinstimmen. Die richtige Mimik ist eine echte, authentische Mimik, die von Innen heraus kommt. Sie können sich nicht auf Ihren Stichwortzettel „Lachen" schreiben, wenn Sie einen Witz machen wollen.

Und wie ist es mit dem Lächeln? Es ist für eine Präsentation besonders wichtig. Es signalisiert dem Publikum: Ich bin freundlich zu Ihnen, ich fühle mich mit Ihnen wohl, ich präsentiere gern vor Ihnen. Egal ob Sie informieren, lehren, überzeugen oder verkaufen wollen, mit einem Lächeln bekommen Sie automatisch mehr Sympathien und damit auch mehr Zustimmung. Es gibt nur wenige Situationen, in denen ein Lächeln während einer Präsentation nicht angemessen ist, z. B. wenn Sie einer Gruppe von Mitarbeitern deren Abbauplan präsentieren. Absolut tabu ist während einer Präsentation der hilflose, besorgte Gesichtsausdruck: Weit aufgerissene Augen, eher von unten blickend, die Augenbrauen in der Mitte nach oben gezogen. Dieser Gesichtsausdruck scheint zu sagen: „Bitte tun Sie mir nichts!" Gewiss wird man Ihnen nichts tun – Sie aber auch nicht ernst nehmen.

Selbstcheck: Ist meine Mimik angemessen?

Stellen Sie im ersten Schritt fest, ob Sie eine positive Grundhaltung haben. Erzählen Sie vor dem Spiegel eine Begebenheit. Lächeln Sie sich selbst an? Achten Sie einmal in einer Unterhaltung darauf, ob Sie Ihren Gesprächspartner zu einem Lächeln oder wenigstens zu einem positiven Gesichtsausdruck animieren können. Gefriert das Lächeln der anderen, wenn Sie mit Ihnen sprechen? Dann sollten Sie unbedingt an Ihrer Mimik arbeiten.

Im zweiten Schritt stellen Sie fest, ob Sie eine abwechslungsreiche Mimik haben. Ein unbewegliches Lächeln – um nicht Dauergrinsen zu sagen – hat nichts mit einer positiven Grundhaltung zu tun. Treten Sie nochmals vor den Spiegel. Achten Sie darauf, ob und was in Ihrem Gesicht passiert, wenn Sie sprechen. Im dritten Schritt beobachten Sie, ob Ihre Mimik zum Gesagten passt.

Auf eine angemessene Mimik achten

Mimik kommt von Innen heraus. Ein Schauspieler wird nie versuchen, einen bestimmten Gesichtsausdruck absichtlich zu imitieren, um z. B. besonders wütend oder traurig zu wirken. Er übt ganz bewusst, sich in die Stimmung hineinzuversetzen, die er gerade benötigt. Das können Sie auch.

Wenn Sie dazu neigen, in Präsentationen besonders ernst oder ängstlich zu schauen, nehmen Sie sich vor dem Beginn einer Präsentation die Zeit, sich in eine positive Stimmung zu versetzen. Denken Sie für eine Minute an ein besonders schönes Erlebnis. Sie werden merken, wie schnell ein Lächeln auf Ihrem Gesicht erscheint. Oder denken Sie daran, womit Sie sich belohnen werden, wenn Sie diese Präsentation durchgestanden haben: eine Einkaufstour, ein schöner Kinoabend oder ein Kurztrip übers Wochenende. Man kann diese so genannte „Positive Stimmungsinduktion" genauso üben wie ein Schauspieler. Nutzen Sie die Technik so häufig wie möglich, z. B. wenn Sie zu Ihrem stets übelgelaunten Chef ins Büro müssen. Stellen Sie sich beim Training mit geschlossenen Augen vor den Spiegel. Versuchen Sie sich in die positive Situation, die Sie sich ausgesucht haben, hineinzuversetzen. Lassen Sie Bilder vor Ihrem geistigen Auge entstehen, vielleicht erinnern Sie sich sogar an einen besonderen Duft, mit dem Sie angenehme Erinnerungen verbinden? Wenn Sie ganz in dieser Stimmung angekommen sind, öffnen Sie die Augen und betrachten sich selbst im Spiegel. Versuchen Sie so lange wie möglich in dieser Stimmung zu bleiben. Um sich auch auf sehr schwierige Präsentationssituationen vorzubereiten, in denen Sie eine negative Grundstimmung erwartet, können Sie gemeinsam mit einem Partner üben. Während Sie sich mit geschlossenen Augen in eine besonders positive Stimmung bringen, soll sich Ihr Partner in eine Situation hineinversetzen, in der er besonders ärgerlich war. Öffnen Sie die Augen und versuchen Sie, sich solange wie möglich anzuschauen, ohne die Stimmung zu verlieren. Wenn Sie Ihren Partner zum Lächeln bringen, haben Sie es geschafft.

Ist Ihr Problem eher die Bewegungslosigkeit Ihres Gesichts, dann hilft es, sich vor Beginn einer Präsentation körperlich zu lockern. Springen Sie ein paar Mal auf der Stelle, schütteln Sie Arme, Beine und Kopf aus, laufen Sie ein paar Runden auf dem Gang auf und ab. Mancher massiert sich die Wangen, auch das kann helfen. Sind Sie erst einmal in Bewegung, geschieht auch etwas in Ihrem Gesicht. Achten Sie während der Präsentation darauf, dass Sie nicht starr stehen (Näheres hierzu im Abschnitt „Bewegung").

Um während der Präsentation nicht wieder in die alten Fehler zurückzufallen, suchen Sie sich in Ihrem Publikum einen Menschen aus, der fröhlich blickt. Sehen Sie immer wieder zu diesem Menschen hin und lassen Sie sich anstecken.

Warum ist eine angemessene Gestik wichtig?

Die Gestik ist Sache der Arme und Hände. Im Wesentlichen erfüllt sie die gleichen Aufgaben wie die Mimik. Sie hat aber noch ein andere Funktion: Sie verhindert Gleichgewichtsprobleme. Unsere Arme helfen uns, die richtige Balance und einen sicheren Stand zu finden. Verschränken Sie sie also nicht hinter dem Rücken oder vor der Brust.

Wie die Mimik so sollte auch die Gestik authentisch sein. Leider gibt es viele Redner, die nicht auf ihre natürlichen Gesten vertrauen. Sie spulen Abläufe von Gesten ab, die sie in einem Rhetorik-Seminar gelernt haben. Sie erkennen diese Redner daran, dass sie ihre Armbewegungen regelmäßig in einem bestimmten Rhythmus wiederholen. Oft passen diese gar nicht zum Inhalt der Rede oder der Präsentation.

Absolute Gestik-Tabus

- Beide Hände hinter dem Rücken verschränken.
- Beide Hände im Schritt verschränken.
- Die Arme vor der Brust verschränken.
- Mit einem Stift in der Hand spielen.
- Die Hände im Pullover verstecken.
- Am (Ehe-)Ring spielen.
- Die Hände in der Hosentasche verstecken (und dann noch mit dem Schlüsselbund spielen).
- Wildes Rudern mit den Armen.

Der Typ „Oberlehrer" schreitet mit hinter dem Rücken verschränkten Armen vor dem Auditorium auf und ab oder steht still auf einem Fleck und wippt zusätzlich auf den Zehenspitzen. Damit sind wichtige Sympathiepunkte verspielt.

Der Typ „Fußballspieler kurz vor dem Freistoß" sorgt sich um seine Familienplanung und versucht mit seinen Händen das Intimste zu verdecken. Er wirkt nicht offen und ehrlich, sondern hat etwas zu verstecken, ist unsicher.

Das Gleiche gilt für den Typ „Herzensretter", der sein sehr empfindliches Herz durch das Verschränken der Arme vor der Brust schützt und damit sehr verschlossen wirkt.

Der Typ „Klapperschlange", der den Kugelschreiber immer wieder auf- und zumacht, verdeutlicht nicht nur seine Unsicherheit, er nervt auch gewaltig und verbreitet Unruhe. Noch unprofessioneller wirkt es, wenn man einen Moderationsstift in der Hand hat, diesen immer wieder auf- und zumacht und sich dabei selbst bemalt.

Besonders bei Frauen findet man die beiden Typen „Handverlust" und „Eheprobleme". Im Pullover versteckte Hände und ständiges Drehen am Ring sind sehr deutliche Anzeichen von Unsicherheit. Zudem gibt es Psychologen, die das Drehen am Ehering mit Eheproblemen in Verbindung bringen wollen. Sicherlich ist das auch nicht in Ihrem Sinne.

Die Typen „Cool, cooler, am coolsten“ mit den Händen in der Hosentasche wirken in erster Linie unhöflich und zu locker. Wer in der Hosentasche mit dem Schlüsselbund klimpert, wirkt dagegen wiederum unsicher.

Der „Ruderer“ sorgt zum einen für einen sehr unsicheren Stand, wird aber auch häufig nicht ernst genommen.

Selbstcheck: Ist meine Gestik angemessen?

Stellen Sie sich vor einen Spiegel. Nehmen Sie eine besonders bequeme Haltung ein. Lassen Sie die Arme entweder hängen oder falten Sie die Hände in Hüfthöhe. Im nächsten Schritt stellen Sie sich möglichst bequem vor eine Gruppe von Menschen. Jetzt zeigt sich, ob es Ihnen gelingt, eine offene Haltung einzunehmen. Überprüfen Sie die Stellung Ihrer Arme und Hände, wenn Sie im Kreise von Kollegen stehen und sich unterhalten oder auch einfach nur zuhören. Je weniger vertraut Ihnen die Menschen sind, umso eher werden Sie zu einer verschlossenen Körperhaltung neigen.

Weniger schwierig ist es meist, Arme und Hände locker zu bewegen. Ob Ihnen dies während des Sprechens gelingt, überprüfen Sie am besten in normalen Gesprächssituationen. Wie setzen Sie Hände und Arme ein, wenn Sie mit Freunden oder der Familie reden, wie in beruflichen Situationen? Lassen Sie sich hier auch Feedback geben. Gestik ist schwer selbst zu beobachten.

EINE ANGEMESSENE GESTIK ERREICHEN

Wenn wir vor einer Gruppe von Menschen stehen, versuchen wir meistens, uns ein bisschen zu verstecken. Da wir uns nicht hinter eine Wand stellen können, müssen unsere Arme und Hände herhalten. Es wird nur wenige Menschen geben, die sich wohl fühlen, wenn Sie mit hängenden Armen oder den Händen in Hüfthöhe verschränkt vor anderen stehen. Also müssen Sie es üben. Wir beginnen wieder vor dem Spiegel. Lassen Sie entweder die Arme hängen oder verschränken Sie die Hände ungefähr in Höhe Ihres Bauchnabels. Bleiben Sie möglichst lange so stehen. Gewöhnen Sie sich an das Gefühl, „ungeschützt" zu sein. Wenn Sie sich vor dem Spiegel sicher fühlen, wagen Sie sich in die Öffentlichkeit. Suchen Sie das Gespräch mit einer vertrauten Person und achten Sie darauf, Ihre Arme und Hände richtig zu halten. Trauen Sie sich in den nächsten Schritten immer weiter an Personen heran, die Ihnen weniger vertraut sind oder die Sie eher verunsichern. Sie werden nach und nach merken, dass man sich an diese Haltung gewöhnen kann.

Sicher stehen und sich bewegen

Kommen wir nun zu den Beinen und Füßen. Sie brauchen einen sicheren Stand, denn er

- ist die notwendige Basis für jegliche Bewegung,
- demonstriert Standfestigkeit und damit Selbstbewusstsein,
- erleichtert die Atmung,
- gibt Sicherheit.

Nur wenn Sie sicher stehen, können Sie sich auch sicher bewegen. Sie brauchen eine Ausgangsplattform, zu der Sie immer wieder zurückkommen können wie in einen sicheren Hafen. Achten Sie einmal in einem klassischen Konzert auf einen Sänger. Bevor er zu singen beginnt, sichert er seinen Stand. Auch bei einem Boxer im Ring können Sie dies beobachten. Bevor der Gong zur nächsten Runde ertönt, bringt er sich in eine sichere Grundposition. Wer sicher mit beiden

Beinen auf dem Boden steht, vermittelt auch inneren Halt. Nicht umsonst sagt man von jemandem, dass er mit beiden Beinen fest auf dem Boden steht. Einen solchen Menschen haut nichts um und schon gar nicht ein paar Fragen aus einem kritischen Auditorium. Wenn Sie sicher stehen, können Sie frei und entspannt atmen. Wer gut atmet, hat eine gute Stimme. Dazu mehr in einem anderen Abschnitt. Alles zusammen gibt Ihnen mehr Sicherheit.

Die Bewegung baut auf einen guten Stand auf und

- vermittelt Lockerheit und Selbstbewusstsein,
- erleichtert die Kontaktaufnahme mit dem Auditorium,
- bringt Bewegung in Sprache, Gestik und Mimik,
- reduziert die Stressbelastung und innere Anspannung.

Hatten Sie früher auch Lehrer der so genannten „alten Schule", die stundenlang, mit auf dem Rücken gefalteten Händen referierten? Ein steifer, unbeweglicher Stand galt früher als seriös. Heute wirkt diese Haltung antiquiert. Wer sich traut, auch mal ein paar Schritte zur Seite zu machen oder nach vorn, macht einen entspannten Eindruck und wirkt selbstsicher. Übrigens sollten Sie auf Ihr Publikum im wahrsten Sinne des Wortes ab und zu zugehen. Nehmen Sie Kontakt zu denjenigen auf, die an der Seite oder hinten sitzen. Wer seine Füße und Beine bewegt, bringt gleichzeitig den ganzen Körper in Bewegung. Die Arme schwingen mit, im Gesicht bewegen sich die Muskeln und auch die Stimme erhält eine abwechslungsreiche Färbung. All das zusammen macht Ihren Vortrag interessanter. Nicht zuletzt bauen Sie durch Bewegung auch Ihre innere Anspannung und Nervosität ab.

Erinnern Sie sich noch an den Moment, wenn man als Kind im Wartezimmer beim Zahnarzt sitzt, vor Angst fast stirbt und die Mutter dann auch noch sagt: „Jetzt zapple nicht so!" Das machte alles noch schlimmer. Wir brauchen Bewegung als einen Mechanismus zum Stressabbau, auch in einer Präsentation.

Wie stehen und bewegen Sie sich richtig?

Die Autorin dieses Buches hatte einen Lateinlehrer, der ständig unruhig hin und her rannte, erst kurz nach vorne und dann wieder rückwärts. Beim Rückwärtslaufen stieß er meist den Kartenständer um oder landete mit dem Rücken vor einem Schrank oder der Tafel. Das war für die Schüler natürlich immer eine willkommene Abwechslung und manchmal hatten sie sogar Wetten laufen, wie lange es wohl bis zum ersten Zusammenstoß dauern würde. Für die Autorität dieses Lehrers war das natürlich nicht gerade von Vorteil. Falls er sich hier wiedererkennen sollte: Die Klasse hat ihn trotzdem sehr gemocht!

Beginnen wir also erst einmal mit dem sicheren Stand. Sicher kann man nur auf beiden Füßen stehen. Also müssen beide Füße vollständig den Boden berühren, nicht nur die Fersen oder die Zehen. Die Füße stehen hüftbreit auseinander, die Knie sind nicht durchgedrückt. Dieser Stand gibt Ihnen die Möglichkeit, sich im Rumpf oder in den Armen zu bewegen, ohne die Balance zu verlieren.

Und wie steht es mit Ihren Bewegungen? Hier müssen Sie das richtige Maß finden. Unruhig wirken Sie dann, wenn Sie keinen Ruhepol haben, zu dem Sie immer wieder zurückfinden. Eine gute Bewegung endet immer wieder an der gleichen Stelle und beginnt wieder von dort. Stellen Sie sich vor, Sie stehen in einem Fernsehstudio mit festinstallierten Kameras und müssten sich immer wieder so positionieren, dass Sie gut im Bild sind.

Selbstcheck: Stimmen Stand und Bewegung?

Stellen Sie sich entspannt hin. Wenn Sie das Gefühl haben, dass Sie ganz normal stehen, beugen Sie Ihren Oberkörper so weit nach vorne, nach hinten oder zur Seite, bis Sie das Gleichgewicht verlieren und mit einem Ausfallschritt korrigieren müssen. Kontrollieren Sie nun Ihre Fußstellung und Ihre Knie und probieren Sie dann noch einmal dasselbe. Wenn Sie sicher stehen, können Sie mit Ihrem Oberkörper recht weit in alle Richtungen kreisen, ohne das Gleichgewicht zu verlieren.

Ob Sie sich ausreichend bewegen, können Sie nur während einer Präsentation beobachten. Im Alltag finden sich keine Gelegenheiten, die sich gut mit der Präsentationssituation vergleichen lassen. Vielleicht präsentieren Sie einfach einmal im Kreis Ihrer Familie und lassen sich dort Feedback geben.

ÜBUNG: STAND UND BEWEGUNG VERBESSERN

Nehmen Sie sich vor Beginn Ihrer Präsentation etwas Zeit, den richtigen Stand zu finden. Stellen Sie sich ganz bewusst hin, kontrollieren Sie die Fußstellung und Ihre Knie und beginnen Sie erst zu sprechen, wenn Sie mit Ihrem Stand zufrieden sind. Natürlich können Sie diesen Stand auch zu Hause üben. Stellen Sie sich hin, probieren Sie aus, ob Sie Ihren Oberkörper gut bewegen können. Bitten Sie dann Ihren Partner oder einen Freund, Sie ein wenig zu schubsen. Er sollte sachte beginnen und dann immer mehr Kraft einsetzen. Wenn Sie einen sicheren Stand haben, werden Sie nicht so leicht ins Schwanken geraten.

Auch Bewegungen können Sie sehr gut zu Hause üben. Legen Sie sich ein Stück Papier auf den Boden, das Ihren Ausgangspunkt markiert. Stellen Sie sich darauf. Während Sie nun sprechen, machen Sie einfach ein paar Schritte nach vorne und wieder zurück zum Papier. Gehen Sie dann einige Schritte nach links und kehren Sie zu Ihrem Ausgangspunkt zurück. Sie werden nach kurzer Zeit bemerken, dass Sie die Markierung gar nicht mehr sehen müssen, sondern automatisch Ihren Ruhepunkt finden. In der realen Präsentationssituation sollten Sie sich einen markanten Punkt (z. B. neben dem Flipchart) suchen, zu dem Sie immer wieder zurückkehren.

Suchen Sie Blickkontakt

Ein offener Blick in die Augen des Gesprächspartners zeugt von Selbstbewusstsein. Wie in so vielen Fällen, haben wir es hier mit einem Überbleibsel unserer Vorfahren zu tun. Wer sich traut, seinem Gegenüber in die Augen zu schauen, ist nicht bereit, sich kampflos unterzuordnen. Aber es geht nicht nur ums Selbstbewusstsein. Wenn ein Mensch uns nicht in die Augen schauen kann, vermuten wir, dass er nicht ganz ehrlich ist. Weicht er unseren Blicken aus, vertrauen wir ihm weniger. Auch bei einer Präsentation spielt dieser Aspekt eine wichtige Rolle. Wer offen ins Auditorium sieht und immer wieder den Blickkontakt zu einzelnen Zuhörern sucht, findet mehr Aufmerksamkeit und kann besser überzeugen. Darüber hinaus gibt es aber noch weitere wichtige Gründe, warum Sie als Präsentator Blickkontakt zu Ihrem Publikum halten sollten. Sie können:

- einen intensiveren Kontakt zu Ihren Zuhörern herstellen,
- direkt sehen, ob die Zuhörer noch aufmerksam sind,
- anhand der Gesichtsausdrücke Ihrer Zuhörer feststellen, ob sie überzeugt sind,
- unmittelbar auf Störungen eingehen.

Was ist ein angemessener Blickkontakt?

Kennen Sie das unangenehme Gefühl, von jemandem angestarrt oder beobachtet zu werden? Wissen Sie, was ein bohrender Blick ist? Oder hatten Sie schon einmal den Eindruck, dass jemand Ihrem Blick ausweicht? Oder seine Aufmerksamkeit eher anderen Dingen widmet als Ihnen? Dann hatten Sie es mit den beiden Extremen eines unangemessenen Blickkontakts zu tun. Wie viel Anschauen ist zu viel und wie viel zu wenig? Das entscheiden Bruchteile von Sekunden. Der Blick sollte freundlich und offen sein, nicht besitzergreifend und feindlich. Das wird er dann, wenn Sie zu lange schauen.

Für eine Präsentation gilt: Schauen Sie niemanden zu eindringlich an, behalten Sie den Überblick über Ihr gesamtes Publikum. Sie werden schnell merken, dass es dann fast unmöglich ist, jemanden zu lange anzuschauen. Tun Sie es doch, wird dieser Zuhörer schnell seinen Blick abwenden. Achten Sie immer auf eine „gerechte Verteilung Ihres Blickes“: Dabei hilft Ihnen der „kreisende Rundblick“.

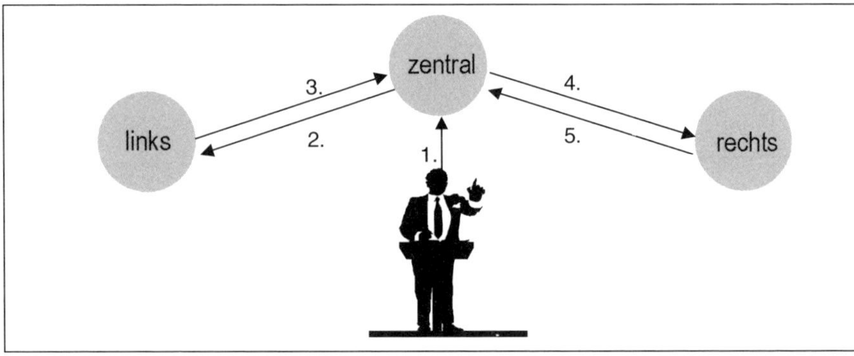

Abbildung 9: Der kreisende Rundblick

Für den kreisenden Rundblick nehmen Sie eine gedankliche Teilung des Auditoriums in drei Teile vor: zentral, links und rechts. Am besten machen Sie die Mitte eines jeden Teils an einer bestimmten Person fest. Am einfachsten wird Ihnen dieses gelingen, wenn Ihr Publikum in U-Form sitzt, wie es meist bei Besprechungen der Fall ist. Dann können Sie sich auf die beiden Personen auf den äußersten Plätzen und die Person in der Mitte des „U" konzentrieren. Sitzen Ihre Zuhörer in einem Block vor Ihnen, ist es gut, sich mehrere Personen für die drei Bereiche auszuwählen, die in unterschiedlichen Reihen sitzen. So gelingt es Ihnen, das gesamte Auditorium einzubinden. Ihr Blick sollte vom Zentrum aus starten. Von hier wandert er ruhig nach links, ruht einen Moment auf der ausgewählten Person und wandert dann wieder zur Mitte. Auch hier lassen Sie Ihren Blick kurz ruhen. Das Gleiche wiederholen Sie nun mit der rechten Seite und beginnen dann wieder von vorne.

Selbstcheck: Halte ich Blickkontakt?

Am besten können Sie den Selbstcheck über eine Videoaufnahme vornehmen. Vielleicht haben Sie auch einen guten und vertrauensvollen Feedback-Geber. Haben Sie beides nicht zur Verfügung, achten Sie auf Ihr Blickverhalten in Sitzungen: Gelingt es Ihnen, Ihre Gesprächspartner anzusehen, wenn Sie sprechen? Können Sie erkennen, wer Ihnen zuhört und wer sich gerade gedanklich mit etwas anderem beschäftigt? Erstellen Sie im Anschluss an eine Sitzung, in der Sie selbst Redebeiträge geliefert haben, eine Liste und notieren Sie, wer Ihnen Ihrer Einschätzung nach aufmerksam zugehört hat. Überlegen Sie, wie sich diejenigen verhalten haben, die aus Ihrer Sitzposition heraus schlechter zu sehen waren. Gelingt es Ihnen, sich auch deren Gesichter zum Zeitpunkt Ihres Redebeitrags ins Gedächtnis zu rufen, hatten Sie ausreichend Blickkontakt.

ÜBUNG: BLICKKONTAKT ÜBEN

Üben Sie den kreisenden Blickkontakt in einer einfachen, vertrauten Umgebung. Stellen Sie sich in Ihr Büro oder auch zu Hause in Ihr Wohnzimmer und suchen Sie sich eine gute Stehposition, von der aus Sie den Raum gut überblicken können. Suchen Sie sich nun einen Mittelpunkt Ihres imaginären Publikums (z. B. einen Sessel oder ein Bild an der Wand) und die beiden äußeren Punkte. Beginnen Sie nun, gedanklich eine Rede zu halten – Sie müssen noch nicht laut sprechen – und dabei den Rhythmus des kreisenden Blickes einzuhalten. Wenn Sie sich sicherer fühlen, fangen Sie an, laut zu sprechen. Nehmen Sie sich einen einfachen Text vor, am besten sprechen Sie über ein Erlebnis der letzten Tage, über das Sie ohne intensives Nachdenken berichten können. Es ist wichtig, dass Ihnen an dieser Stelle der Rhythmus „in Fleisch und Blut" übergeht. Sobald nämlich Menschen dazukommen oder der Inhalt Ihrer Präsentation schwieriger wird, können Sie sich nicht mehr so intensiv auf Ihren Blick konzentrieren.

In der nächsten Stufe bitten Sie Ihnen vertraute Personen darum, mit Ihnen zu üben. Beginnen Sie mit einer Person, die in der Mitte sitzt, nehmen Sie dann zwei weitere hinzu, die die Außenpositionen besetzen. Wieder üben Sie mit einem einfachen Text und fragen Ihre Testpersonen später, ob Sie sich genügend beachtet gefühlt haben oder ob Sie eventuell zu kurz oder zu lang geschaut haben. Im nächsten Schritt geht es von der vertrauten Umgebung in die Berufssituationen. Üben Sie den Blickkontakt zuerst in einer Besprechung, im nächsten Schritt in einer Präsentation. So gewinnen Sie immer mehr Sicherheit und müssen während der nächsten Präsentationen nicht mehr über Ihren Blick nachdenken.

Atmen will gelernt sein

Eine gute Atmung ist die Voraussetzung für einen guten sprachlichen Ausdruck. Durch eine tiefe und gute Atmung

- vermeiden wir undeutliches oder zu schnelles Sprechen,
- treten laute Atmungsgeräusche wie Schnaufen oder geräuschvolles Einatmen nicht auf,
- betonen wir besser.

Wie funktioniert die richtige Atmung?

Die richtige Atmung ist die Tiefenatmung. Viele Menschen beherrschen sie jedoch nicht. Sie atmen flach und wenig wirksam ein, und zwar über die Brust. Wer intensiv Sport betreibt oder in einem Chor singt, weiß, dass die Bauchatmung am effektivsten ist. Nur so erreicht die eingeatmete Luft die gesamte Lunge bis zum Zwerchfell.

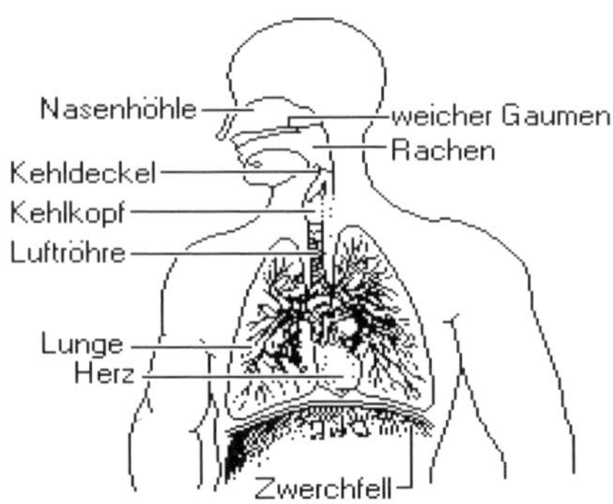

Abbildung 10: Das Atmungssystem des Menschen

Bei der Tiefenatmung wölbt sich der Bauch und die Flanken weiten sich. Das Lungenvolumen nimmt durch das tiefe Einatmen zu und das Zwerchfell wird so nach unten gedrückt. So haben Sie im wahrsten Sinne des Wortes einen längeren Atem und können auch kompliziertere Sätze ohne Atemverlust zu Ende sprechen.

Selbstcheck: Praktiziere ich die Tiefenatmung?

Ob Sie richtig atmen und das volle Lungenvolumen ausnutzen, können Sie sehr einfach testen. Legen Sie Ihre Hände in die Taille und atmen Sie ganz normal ein. Wenn Sie spüren, wie Ihre Flanken einen Druck auf Ihre Hände ausüben, atmen Sie wirklich tief. Stellen Sie sich nun wieder vor einen Spiegel: Wo sehen Sie Bewegungen in Ihrem Körper, wenn Sie atmen? Wenn sich die Brust hebt und senkt, atmen Sie zu flach, erkennen Sie eine Bewegung des Bauches, atmen Sie tief.

Wenn Sie wissen wollen, ob Sie beim Sprechen richtig atmen, achten Sie darauf, ob es Ihnen gelingt, Sätze in Ruhe zu Ende zu sprechen. Manche Menschen werden zum Schluss hin immer schneller oder leiser und heiserer. Das liegt meist an einer zu flachen oder auch einfach zu seltenen Atmung. Lassen Sie sich hierzu Feedback geben.

Übung: Die Tiefenatmung trainieren

Um tief atmen zu können, nehmen Sie den sicheren Stand ein, den wir im vorangegangenen Abschnitt besprochen haben. Andernfalls steht Ihnen gar nicht das volle Volumen Ihrer Lunge zur Verfügung. Als nächstes legen Sie Ihre Hände in die Taille. Schließen Sie nun die Augen und versuchen Sie ganz bewusst, Ihren Atem gegen Ihre Hände zu lenken und damit Ihre Hände auseinander zu drücken. Kontrollieren Sie noch einmal, ob Ihre Schultern auch nicht angezogen sind. Wenn Sie einatmen, müssen Ihre Hände auseinandergedrückt werden, wenn Sie ausatmen, kommen sie wieder aufeinander zu. Sollten Sie zum ersten Mal diese Form der Atmung üben, wundern Sie sich nicht, wie schwer es Ihnen fallen wird. Leider haben wir die Tiefenatmung verlernt.

Als Nächstes kontrollieren Sie Ihre Atmung vor dem Spiegel. Schauen Sie genau hin, ob sich auch nicht die Brust hebt und senkt. Sie dürfen Ihre Atmung nur unterhalb Ihrer Rippen sehen und spüren. Wenn es Ihnen immer noch schwer fällt, versuchen Sie einmal, beim Einatmen Ihre Brust nach Innen zu drücken. Das ist aber nur eine Hilfestellung für den Anfang.

Wenn Sie eine gute Tiefenatmung beherrschen, üben Sie das Atmen während des Sprechens. Nehmen Sie sich sehr leichte Sätze vor: „Ich heiße ... Ich wohne in ... Ich bin ... Jahre alt ..." Atmen Sie vor jedem Satz bewusst ein und sprechen Sie, während Sie Ihren Atem ausfließen lassen. Je besser Ihnen dies gelingt, umso längere Sätze können Sie nun ausprobieren. Sie werden merken, dass Ihr Atem nun viel länger reicht als zuvor.

Wie immer gilt auch für die Atmung: Üben Sie in Alltagssituationen. Sport ist auch eine gute Möglichkeit, die Tiefenatmung zu üben. Versuchen Sie auch, sie im Sitzen zu praktizieren. Das fällt meist schwerer, weil wir zu krumm sitzen und damit unsere Atmung behindern.

Mehr Mut zur Pause

Kennen Sie Leute, die ohne Punkt und Komma reden? Irgendwann ist unsere Konzentration überstrapaziert und man kann ihnen nicht mehr folgen. Deshalb ist es so wichtig, dass Sie während Ihrer Präsentation immer wieder kleine Pausen machen.

- Sie verbessern die Konzentrationsfähigkeit von Präsentator und Zuhörer,
- dienen dem Präsentator zur Vorbereitung,
- bieten dem Zuhörer die Möglichkeit, das Gehörte zu verarbeiten,
- trennen unterschiedliche Abschnitte einer Präsentation voneinander.

In der Pause können sich sowohl Präsentator als auch Zuhörer kurz entspannen, die Konzentration steigt wieder. Der Präsentator nutzt die Pause, um kurz darüber nachdenken, was er als Nächstes vortragen will. Der Zuhörer kann reflektieren, was er gehört hat und speichert es ab. Der Mensch kann nicht gleichzeitig zuhören und abspeichern. Er braucht kurze Verschnaufpausen, um die Inhalte zu sichern.

Außerdem konturieren Pausen einen Vortrag. Sie sind eine Strukturierungs- und Orientierungshilfe für die Zuhörer. Es gilt die Regel, dass die Pausen umso länger sind, je weniger die beiden Teile vor und nach der Pause thematisch miteinander zu tun haben. Die größten Sinnabschnitte in einer Präsentation sind Einleitung, Hauptteil und Abschluss. Somit ergeben sich bereits zwei sehr wichtige und lange Pausen. Hier können Sie ruhig drei bis vier Sekunden verstreichen lassen, ehe Sie fortfahren. Innerhalb des Hauptteils sind wiederum wichtige Abschnitte zu trennen, z. B. unterschiedliche Argumente. Auch hier ist eine Pause von zwei bis drei Sekunden sinnvoll.

Häufig ist es in einer Präsentation wichtig, auch zwischendurch Zusammenfassungen zu geben. Wenn Sie z. B. nach einer längeren Argumentation das Wesentliche zusammenfassen, sollten Sie auch hier eine Pause machen. Wenige Sekunden genügen. Auch einen besonders wichtigen Gedanken kann man mit einer solchen Pause gut hervorheben. Idealerweise machen Sie auch nach jedem einzelnen Satz eine kurze Pause. Nutzen Sie diese Pause zum Luft holen. Das hilft Ihnen und Ihren Zuhörern.

Pausenlängen

■ Nach der Einleitung und dem Hauptteil	3 - 4 Sekunden
■ Nach einem Abschnitt im Hauptteil	2 - 3 Sekunden
■ Vor einer Zusammenfassung	1 - 2 Sekunden
■ Vor einem besonders wichtigen Gedanken	1 - 2 Sekunden
■ Nach einem Punkt	1 Sekunde
■ Wenn Sie sich im Raum bewegen	Während der Bewegung
■ Wenn Sie sich zu einem Medium wenden	Während des Abwendens
■ Wenn Sie ein Medium wechseln	Während des Wechsels

Die bisher beschriebenen Pausen dienen der inhaltlichen Verständlichkeit Ihres Vortrags. Es gibt aber auch Präsentationssituationen, in denen es rein für die akustische Verständlichkeit wichtig ist, dass Sie eine

Pause machen. Wenn Sie sich im Raum bewegen, wenden Sie sich meist für einen kurzen Moment von einem Teil des Publikums ab. Diese Zuhörer können Sie also nicht gut verstehen. Sprechen Sie Ihren Satz zu Ende und gehen Sie dann ein paar Schritte. Fahren Sie erst fort zu sprechen, wenn Sie wieder ruhig stehen. Wenn Sie die Bewegung nun z. B. mit dem Beginn eines Sinnabschnitts verbinden, haben Sie gleich zwei Fliegen mit einer Klappe geschlagen.

Machen Sie immer dann eine Pause, wenn Sie sich mit Ihrem Medium beschäftigen. Niemand kann Sie verstehen, während Sie etwas an die Tafel oder das Flipchart schreiben. Sie wenden in diesem Moment dem Auditorium den Rücken zu. Die Zuhörer werden es Ihnen danken, weil Sie selbst in diesem Moment Luft holen können. Auch wenn Sie von einer Folie zur nächsten wechseln, ist eine Pause angebracht.

Selbstcheck: Lege ich genügend Pausen ein?

Es ist sehr schwierig zu beobachten, ob man genügend Pausen macht. Am besten holen Sie sich Feedback ein. Tragen Sie einer vertrauten Person etwas vor. Bitten Sie diese Person, immer dann ein Zeichen zu geben, wenn Sie etwas entweder akustisch oder inhaltlich nicht verstanden hat oder eine kurze Pause zum Luft holen bräuchte. Erlauben Sie dieser Person kritisch zu sein. Es ist kaum möglich, zu viele Pause zu machen.

Machen Sie ein Experiment: Versuchen Sie einmal, ohne Punkt und Komma zu reden. Wann würden Sie am liebsten eine Pause machen? Meist stimmt das intuitive Pausensetzen mit den beschriebenen Regeln überein.

PAUSEN EINLEGEN

Warum fällt es uns eigentlich so schwer, Pausen einzulegen? Offenbar halten wir die Stille nicht gut aus. Als Präsentator befürchtet man immer, dass eine Pause von den Zuhörern als Lücke oder Unwissenheit interpretiert wird. Machen Sie sich klar, dass Ihre Zuhörer Pausen als etwas Positives empfinden, dass sie sie geradezu brauchen.

Relativ einfach ist es, nach einem größeren Sinnabschnitt eine Pause zu machen. Wenn Sie am Ende der Einleitung und des Hauptteils sowie immer nach Abschluss eines größeren Abschnitts das Wort „Pause" auf Ihren Stichwort-Zettel schreiben, wird es Ihnen sehr schnell gelingen, diese einzuhalten.

Ebenso machen Sie es während der Arbeit am Medium. Am besten üben Sie es. Achten Sie bei einer Übungs-Präsentation darauf, immer dann zu schweigen, wenn Sie sich vom Publikum abwenden. Machen Sie es sich zur Regel, nur dann zu sprechen, wenn Sie Ihre Zuhörer direkt im Blick haben.

Die größte Herausforderung ist es, nach jedem Satz eine kurze Pause zu machen. Über diesen Punkt haben wir bereits im Zusammenhang mit der Atmung gesprochen. Sie werden feststellen, dass meistens die Menschen, die wenig Pausen machen, auch eine unzureichende, flache Atmung haben. Greifen Sie also in diesem Moment am besten auf die Atmungsübung zurück. Üben Sie das Pausenmachen mit einfachen Sätzen. Atmen Sie bewusst nach jedem Satz ein und machen Sie eine Pause. Dann wird es Ihnen auch in einer Präsentation gelingen.

Ein Tipp: Überziehen Sie beim Üben die Länge der Pausen. Probieren Sie einmal vor einem Probe-Publikum aus, nach jedem Satz eine Pause von mehreren Sekunden zu machen. So gewöhnen Sie sich zum einen daran, überhaupt an Pausen zu denken, zum anderen verschwindet langsam das unangenehme Gefühl, das durch die Stille entsteht.

Betonen Sie sinnvoll

Welchen Sinn die Betonung hat, lässt sich am besten an einem Beispiel erklären. Nehmen wir den einfachen Satz: „Der Mann hat sich ein Auto gekauft." Lesen Sie den Satz jeweils so vor, dass Sie das fett gedruckte Wort betonen:

- **Der** Mann hat sich ein Auto gekauft. Nicht ein anderer Mann!
- Der **Mann** hat sich ein Auto gekauft. Nicht die Frau!
- Der Mann hat sich ein Auto **gekauft**. Nicht geklaut!
- Der Mann hat **sich** ein Auto gekauft. Nicht seiner Frau!
- Der Mann hat sich **ein Auto** gekauft. Nicht ein Fahrrad!

Wer nicht sinngemäß betont, kann auch nicht verdeutlichen, was an seiner Aussage wichtig ist. Er lässt seinem Zuhörer viele Interpretationsmöglichkeiten. Betonung erfüllt aber auch noch einen anderen Sinn: Sie macht die Sprache lebendig und interessant. Wenn jemand betonungslos spricht, wirkt dies wie eine sehr gute Schlaftablette. Es fällt sehr schwer, jemandem zu folgen, der in seiner Sprache nicht betont.

Wie betone ich richtig?

Sie betonen dann richtig, wenn Ihre Betonung den Sinn des Satzes verdeutlicht. Es gibt zwei verschiedene Qualitäten von Betonung. Das zuvor besprochene Beispiel verdeutlicht die einzelne Betonung von Worten. Mit dieser Form der Betonung können Sie besondere Aspekte Ihres Vortrags unterstreichen. Eine weitere Form der Betonung ist mit der Stimmmodulation, der Arbeit mit unterschiedlichen Klangfarben in der Stimme möglich. Die Grundtonlage ist die so genannte Tonmittellage. Sie vermittelt einen neutralen und sachlichen Eindruck. Lässt man seine Stimme einen dunkleren Klang annehmen, kann man einen besinnlichen oder eindringlichen Eindruck entstehen lassen. Ein hellerer Klang unterstreicht Ausrufe und Aufforderungen. Auch über die Lautstärke und das Sprechtempo können Sie betonen. Sie können bestimmten Wörtern mehr Gewicht verleihen, indem Sie sie lauter, leiser oder wesentlich langsamer sprechen.

Eine gute Modulation ergibt sich ganz von selbst, wenn Sie von etwas richtig überzeugt sind. Wenn Sie z. B. Ihren Kollegen deutlich machen wollen, dass ein organisatorisches Problem weit reichende Konsequenzen haben wird, wenn es nicht in der von Ihnen vorgeschlagenen Weise gelöst wird, werden Sie automatisch eindringlich sprechen.

Selbstcheck: Stimmt meine Betonung?

Ob Sie die richtige Betonung wählen oder ob Sie überhaupt betonen, können Sie nicht selbst beobachten. Sie benötigen hier Feedback oder die Möglichkeit, sich selbst auf Video zu sehen. Achten Sie im ersten Schritt darauf, ob Ihre Stimme beweglich ist: Nutzen Sie unterschiedliche Stimmlagen? Werden Sie lauter und leiser? Stechen einzelne Wörter hervor? Am besten sagen Sie einen Satz mehrmals in verschiedenen Stimmlagen und betonen an unterschiedlichen Stellen.

Gelingt es Ihnen, Ihrer Stimme unterschiedliche Klangfarben zu geben, achten Sie auf den Inhalt Ihrer Rede: Betonen Sie tatsächlich diejenigen Wörter oder Sätze, die besonders wichtig sind? Fragen Sie Ihren Feedback-Geber, welche Wörter oder Sätze er „herausgehört" hat. Stimmt dessen Einschätzung mit Ihrem Anliegen überein, haben Sie richtig betont.

Übung: Die sinngemäße Betonung

Idealerweise stehen Sie hinter dem, was Sie vortragen. Das ist die wichtigste Grundlage für eine gute Betonung. Müssen Sie etwas vortragen, womit Sie sich nicht identifizieren, versuchen Sie wenigstens sich für die Dauer der Präsentation wohlwollend zu stimmen.

Bei der Vorbereitung Ihrer Präsentation überlegen Sie sich für jeden Punkt Ihrer Argumentation den Kern der Aussage. Machen Sie sich klar, was als wichtigster Punkt bei Ihrem Auditorium haften bleiben soll. Wenn Sie mit einer Visualisierung arbeiten, können Sie den wichtigsten Teil, das wichtigste Wort fett drucken oder unterstreichen. Dies kann Ihnen als Erinnerungshilfe dienen. Haben Sie keine Visualisierung geplant, arbeiten Sie auf Ihrem Stichwortzettel mit Markierungen.

Ihre persönlichen Ausdrucksmittel – der große Selbstcheck

In der griechischen Philosophie gibt es die Metapher von den Rucksäcken, die Menschen mit sich herumtragen. Jeder Mensch hat zwei Rucksäcke. Einen trägt er vor dem Bauch, einen auf dem Rücken. Im ersten Rucksack befinden sich alle unsere guten Eigenschaften, im zweiten alle schlechten. Da wir armen Menschen aber keine Augen auf dem Rücken haben, können wir zwar bei anderen sowohl die guten als auch die schlechten Eigenschaften wahrnehmen, bei uns selbst aber nur die guten. Sie kennen sicherlich das Sprichwort, auf einem Auge blind zu sein.

Wir möchten mit uns Menschen gar nicht so hart ins Gericht gehen wie die alten Griechen, denn wir denken, dass wir häufig auch nur sehen, was uns nicht so gut gelingt und gar nicht so genau wissen, wo eigentlich unsere Stärken liegen. Vieles ist uns einfach nicht bewusst. Der große Selbstcheck hilft Ihnen, diesen blinden Fleck zu verkleinern. Sie sollen die Möglichkeit bekommen, mehr über sich zu erfahren und so Ihr Präsentationsverhalten besser einschätzen und verbessern zu können. Dazu finden Sie eine heraustrennbare Checkliste am Ende dieses Buches.

Um diesen Selbstcheck durchführen zu können, nehmen Sie von sich selbst ein Video einer Präsentation auf. Es muss sich nicht um eine „Real-life-Präsentation" handeln. Eine kleine Präsentation von ca. fünf bis acht Minuten, bei der Sie über ein Ihnen vertrautes Thema referieren, reicht aus. Es ist wichtig, dass Sie kein exotisches oder fremdes Thema wählen, denn Sie sollen sich voll und ganz auf Ihr Präsentationsverhalten konzentrieren und nicht auf den Inhalt. Vielleicht können Sie sogar ein Präsentationsmedium (Tafel, Overheadprojektor o. Ä.) verwenden. Sehen Sie sich dieses Video gemeinsam mit einem oder mehreren ehrlichen und kritischen Feedback-Gebern an. Nehmen Sie sich einen Block und einen Stift zur Hand und schreiben Sie alles auf, was Ihnen positiv wie negativ auffällt. Im Anschluss daran arbeiten Sie mit der Checkliste, die Sie am Ende dieses Buches finden (jeder sollte eine eigene Kopie erhalten). Gehen Sie unabhängig voneinander alle Punkte im Stillen durch, und bewerten Sie das Präsentationsverhalten nach dem Schulnotenprinzip. Erst wenn alle ihre Checklisten vollständig ausgefüllt haben, legen Sie diese nebeneinander und vergleichen die Beurteilungen. Diskutieren Sie besonders die Punkte, in denen Sie uneinig sind und kommen Sie schließlich zu einem Gesamtbild Ihrer Stärken und Schwächen.

Wenn Sie sich gemeinsam ein Bild gemacht haben, setzen Sie die Schwächen in eine Rangfolge. Tragen Sie am Ende der Checkliste ein, in welcher Reihenfolge Sie an Ihren Schwächen arbeiten wollen. Überlegen Sie sich gemeinsam mit Ihren Feedback-Gebern, welcher Punkt am meisten zu Ihrer Überzeugungskraft beitragen würde. Nehmen Sie sich nicht zu viel auf einmal vor, sondern setzen Sie sich realistische Ziele. Wir wünschen Ihnen viel Erfolg dabei!

So bekommen Sie Ihr Lampenfieber in den Griff

Carola Müller ist mit ihrer bisherigen Arbeit sehr zufrieden. Auf eine Frage hat sie aber noch keine Antwort gefunden: „Was mache ich mit meinem Lampenfieber? Ich kann mir ja gut vorstellen, wie ich wunderbar vorbereitet in die nächste Runde starte. Aber wenn mich erst meine Nervosität wieder einholt, was nützen mir dann deine ganzen gut gemeinten Hilfen und Tipps? Ich bin bestimmt so angespannt, dass ich am Anfang nur stottere! Gerade weil ich weiß, dass ich mit meiner zweiten Präsentation die Zeit der Geschäftsleitung strapaziere.“ „Klar“, gibt Manfred Berger zurück, „das ist in der Tat ein Problem. Du hast im Prinzip zwei Möglichkeiten, deine Anspannung in den Griff zu bekommen. Lass es mich dir erklären …“

Wenn Sie die bisherigen Kapitel verinnerlicht haben, Ihre Präsentation also ebenso gut vorbereitet wie strukturiert und organisiert ist, dürften Nervosität und Lampenfieber kaum mehr ein Problem für Sie sein. Sie haben die besten Voraussetzungen geschaffen, um gelassen und selbstbewusst in die Präsentation gehen zu können. Wenn Sie aber das Gefühl haben, Ihre Nervosität könnte Sie doch noch übermannen, dann sollten Sie das folgende Kapitel lesen.

Das Erbe unserer Vorfahren

Jedem ist schon einmal der Puls hoch geschnellt oder der Mund trocken geworden, als er plötzlich ganz allein vor der Zuhörerschaft stand. Was genau passiert hier? Wie entsteht eigentlich dieses nervöse Kribbeln, dieses Lampenfieber?

Nach den gängigen Modellen zur Erklärung des Stresssyndroms sind unsere biologischen Urahnen an diesem Phänomen schuld, deren Erbe wir in uns tragen (in evolutionsbiologischen Zeiträumen betrachtet haben wir uns von ihnen noch nicht allzu weit entfernt). Diese jedenfalls lebten in einer feindlichen Umwelt, z. B. konnte aus dem Gebüsch unvermittelt ein gefährliches Tier hervorbrechen. Dann galt es, in Sekundenbruchteilen zu entscheiden: Angriff oder Flucht? Die Geschwindigkeit dieser Einschätzung konnte über Leben und Tod (keine Nahrung erjagen oder selbst Nahrung sein) entscheiden. Das ist übrigens der Grund, warum alle Menschen über die erstaunliche Fähigkeit verfügen, sich innerhalb von Sekunden ein Urteil über einen Menschen zu bilden (Sie erinnern sich: der erste Eindruck). Dieses eigentlich sehr nützliche Programm sitzt so tief in uns, dass wir es nicht ausschalten können.

Aber für das Aufkommen unseres Stresssyndroms beginnt jetzt erst der wirklich relevante Teil. Unser Körper ist glücklicherweise so strukturiert, dass er in einer Notsituation blitzschnell all das aktivieren kann, was er für Flucht oder Angriff benötigt: der Blutdruck steigt, die Atemfrequenz wird erhöht, Muskeln werden durchblutet, Energiespeicher geöffnet usw. Der Körper fährt parallel dazu alles herunter, was unnötig Energie kostet: Verdauung, Immunabwehr, Sexualfunktionen etc. Zwei Gegenspieler in unserem vegetativen – also autonomen, nicht willentlich direkt beeinflussbaren (!) – Nervensystem regeln das quasi untereinander. Vereinfacht gesagt: Ist Stress angesagt, wird der eine aktiv und hemmt den anderen, in Entspannungsphasen umgekehrt.

Typische Stresssymptome		
Körperlich-vegetativ	**Emotional**	**Kognitiv**
■ Schwitzen ■ flaues Magengefühl ■ Durchfall/ Übelkeit/ Erbrechen ■ kurzer Atem ■ weiche Knie ■ trockener Mund ■ Herzrasen ■ Kloß im Hals	■ Angst ■ Aggression ■ Hilflosigkeit ■ Nervosität ■ Verunsicherung ■ Wut ■ Panik ■ Schreck	■ Leere im Kopf (Black-out) ■ Konzentrationsmangel ■ Denkblockaden ■ kreisende „grüblerische" Gedanken ■ Selbstzweifel ■ Katastrophenerwartungen ■ irreale Überzeugungen

Und jetzt kommt das „Tragische". Es ist ja mitnichten so, dass wir gerade einem Bären oder einem Säbelzahntiger Auge in Auge gegenüber stehen. Niemand wird uns attackieren, fressen, in kleine Häppchen zerlegen. Wir empfinden die Situation trotzdem als derart bedrohlich, dass die gleiche körperliche Reaktion ausgelöst wird. Es reicht offenbar völlig aus, dass wir meinen, in irgendeiner Form versagen oder uns lächerlich machen zu können. Aus dieser Befürchtung heraus wird sofort das biologische Erbe unserer Urahnen aktiv und unser Nervensystem reagiert.

Sie haben nun grundsätzlich zwei Möglichkeiten mit der Situation umzugehen. Entweder sorgen Sie durch Üben, gute Vorbereitung, Ablenkung, Entspannungsübungen, Blickkontakt zu freundlich gesinnten Zuhörern usw. dafür, dass die Auswirkungen der Stressreaktion in Grenzen bleiben. Das ist der Weg, mit dem die meisten von Lampenfieber geplagten Redner Erfolg haben. Oder Sie arbeiten an Ihrer Einstellung. Sie beschäftigen sich mit Ihren Versagensängsten und lernen positiv zu denken und zu fühlen. Das ist sehr eindeutig der erfolgreichere, aber auch langwierigere Weg. Denn sobald Ihr Körper erst einmal der Auffassung ist, dass es sich um eine bedrohliche Situation handelt, laufen die Prozesse wie von selbst ab; wir schalten um auf Stressreaktion und können nur hoffen, dass diese im Fortgang der Präsentation wieder nachlässt. Das ist ja tatsächlich auch dann der Fall, wenn wir merken, dass wir gut ankommen und das Gesagte fruchtet. Wenn wir uns also nicht mehr bedroht fühlen! Das heißt aber, wir müssen den Riegel dort vorschieben, wo wir die Situation als Bedrohung einstufen. Nicht durch Verdrängen der subjektiven Bedrohung, das klappt selten gut. Sondern durch die aktive Auseinandersetzung mit den eigenen Denkmustern und Einstellungen.

Natürlich greifen beide Arten der Nervositätsbekämpfung ineinander. Wir behandeln die nachfolgenden Hinweise und Übungen gleichrangig, beide Aspekte sind wichtig, wiewohl wir nicht verschweigen möchten, dass wir die Arbeit an der richtigen Einstellung in jedem Fall für nachhaltiger und langfristig Erfolg versprechender halten.

Wie Sie Lampenfieber und Redeangst abbauen

Nutzen Sie Redemöglichkeiten

Planen Sie in Ihrer Vorbereitung einen Tag ein, an dem Sie die Präsentation mindestens einmal einer nahe stehenden Person übungshalber vortragen. Es sollte kein Fremder sein, das macht Sie unter Umständen verkrampft. Suchen Sie darüber hinaus in Ihrem Arbeitsumfeld aktiv nach Situationen, die eine freie Rede erfordern. Holen Sie sich Feedback ein.

Bereiten Sie sich gründlich vor

Eine gute Vorbereitung ist zwingend. Wenn Sie ein alter Hase sind, mögen Ihnen gewisse Dinge leichter von der Hand gehen. Doch gerade Profis wissen, dass Schlagfertigkeit, überzeugende Argumentation und zuhörerorientierte Gestaltung das Ergebnis einer erstklassigen Vorbereitung sind. Die sorgfältige Vorarbeit gibt Sicherheit und die nötige Gelassenheit.

Verfassen Sie ein Stichwortmanuskript

Beginnen Sie Ihre Vorbereitung je nach persönlichem Arbeitsstil beliebig ausführlich. Schreiben Sie, malen Sie, breiten Sie Ihre Gedanken aus. Reduzieren Sie in Ihrer Vorbereitung das Konzept dann Schritt für Schritt so weit, dass nur noch Stichworte übrig bleiben. Diese geben Ihnen das Gerüst für Ihren Vortrag. Das jeweilige Stichwort lenkt Ihre Gedanken und Ihre Sprache, ohne Sie an ausformulierte Sätze zu binden. Die wirken gestelzt und auswendig gelernt. Und in der Präsentation finden Sie mit Sicherheit genau den Satz *nicht*, den Sie gerade zu brauchen meinen.

Verwenden Sie visuelle Hilfsmittel

Abgesehen davon, dass visuelle Hilfsmittel das Verstehen der Zuhörer unterstützen, sind sie gute Anker für den Präsentator. Ähnlich wie Ihre Stichworte leiten sie Sie durch Ihre Präsentation. Sie geben Ihnen Halt, denn Sie wissen, „gleich kommt Abbildung x, dort kann ich verharren", während die Zuhörer schauen und die Aufmerksamkeit für einen kurzen Moment nicht mehr bei Ihnen liegt. Visuelle Hilfsmittel sind das bildhafte Stichwortmanuskript.

Machen Sie Atemübungen

Atemübungen ermöglichen eine schnelle und tiefe Entspannung, ob Sie sie am Vorabend der Präsentation machen, um ruhig einschlafen zu können oder kurz vor der Präsentation, um die Anspannung zu beseitigen. Sehr wichtig sind Atemübungen zudem, damit Ihnen während Ihrer Ausführungen nicht die Luft ausgeht. Zuhörer nehmen sehr sensibel wahr, wenn der Redner kurzatmig wird und werten dies – häufig zu Recht – als Zeichen von Nervosität. Zentrale Botschaft: Atmen Sie bewusst! Hören Sie in sich hinein. Atmen Sie mit Bauch und Flanken, nicht nur mit dem Brustkorb. Das hat etwas ungemein Beruhigendes, Zentrierendes.

Planen Sie Redebeginn und -ende

Auch das verschafft Sicherheit. Planen Sie in Ihren ersten Präsentationen ausnahmsweise wörtlich. Den Mittelteil sollten Sie weiterhin höchstens mit Stichworten unterstützen. Die Autorin dieses Buches hat in Ihren ersten Präsentationen jeweils die ersten vier oder fünf Sätze auswendig gelernt, da sie wusste, dass sie die Anspannung dazu verleitet, sich bereits am Anfang zu verplaudern. Und das kann für Zuhörer, die eine knackige Einleitung gewohnt sind und rasch Informationen haben wollen, ganz schön störend sein. Sie fand den richtigen Einstieg einfach nicht, während es meistens kein Problem darstellte, eloquent zu präsentieren, wenn der Motor erst einmal angesprungen war. Analoges gilt für den Schluss. Wir haben bereits beschrieben, wie wichtig er ist. Sie werden sich sicherer fühlen, wenn Sie auch diesen vorausplanen.

Halten Sie Blickkontakt

Ein guter Blickkontakt verschafft Ihnen das Feedback, das Sie benötigen, um das beschriebene „Bedrohungspotenzial" abzubauen. Sie können beobachten, wie die Menschen mit Ihnen interagieren und Ihnen zeigen, dass sie bei der Sache sind, Ihre Präsentation also bislang sehr erfolgreich verläuft. Wenn Sie ein sehr kritisches Publikum erwarten, positionieren Sie drei Ihnen wohlgesonnene Personen strategisch im Auditorium: Links, Mitte, rechts. Vielleicht auch noch vorne und hinten. Schauen Sie zunächst nur Ihre „Freunde" an, die Ihnen nett zunikken und Sie verstärken. Diese können Sie auch über vorher vereinbarte Zeichen auf die Einhaltung des Zeitplans oder andere Dinge (z. B. zu schnelles Sprechen) aufmerksam machen.

Nehmen Sie sich Zeit für Redepausen

Sie brauchen Luft zum Atmen! Wann gedenken Sie die zu holen? Überlassen Sie Ihre Atemregulation nicht gänzlich Ihrem Unterbewusstsein. Aller Erfahrung nach kommt es dann zu Kurzatmigkeit. Mitten im Satz und an anderen unpassenden Stellen schnappen Sie hörbar nach Luft. Legen Sie bewusst kleine Pausen ein. Atmen Sie aus! Das ist das Hauptproblem: Ausatmen! Sie registrieren gerade noch, dass Ihre Atmung nicht ganz rund läuft und atmen schneller und häufiger ein. Das nützt nichts und Sie atmen noch mehr ein. Dabei benötigen Sie bloß eine winzig kleine Pause, um kaum merklich (natürlich nicht schnauben wie ein Gewichtheber), aber gründlich auszuatmen. Probieren Sie es aus. Sie können in diesen kurzen Pausen wunderbar Ihre

Gedanken sortieren, Kontakt zum Publikum aufnehmen und das nächste Argument ausformulieren – was wiederum Sicherheit gibt.

Entspannung kann man trainieren

Seien Sie offen für neue Erfahrungen. Wir haben in unseren Trainings noch nicht eine einzige Rückmeldung erhalten, dass Entspannungstrainings keinen positiven Effekt auf Körper und Psyche haben. Die Bandbreite an sinnvollen Trainings ist übrigens extrem groß. Zwei Wege, die den Körper einschließen und nicht rein mental arbeiten, stellen wir hier kurz vor.

Progressive Muskelrelaxation (PMR)

Durch Anspannung und anschließende Entspannung verschiedener Muskelgruppen des Körpers stellen Sie einen angenehmen und konzentrationsfördernden Entspannungszustand her. Es gibt in den entsprechenden Ratgebern dazu dezidierte Anweisungen und Tipps. Unsere Erfahrung: Es handelt sich um eine schnelle und funktionale Möglichkeit, den Körper wohlig zu entspannen und als direkte Folge natürlich auch für psychisches Wohlbefinden zu sorgen. PMR lässt sich überall anwenden.

Beispiel: Dehnung der kurzen Nackenmuskulatur

Eine häufig verspannte Muskelgruppe wird gedehnt, es kommt zu körperlicher Entspannung, die Durchblutung verbessert sich, Muskelschmerz verschwindet, die Konzentration auf den eigenen Körper steigt, es kommt zur Zentrierung, Atmungsregulation, psychische Entspannung kommt hinzu. Die Übung ist auf alle möglichen Muskelgruppen übertragbar.

PMR: Dehnung der kurzen Nackenmuskulatur

- Überkreuzen Sie Ihre Arme im Nacken, beide Hände ruhen gefaltet auf Ihrem Hinterkopf.
- Atmen Sie ruhig und gleichmäßig.
- Drücken Sie mit Ihrem Kopf gegen Ihre Hände, halten Sie den Gegendruck.
- Bauen Sie nur soviel Spannung auf, dass die Übung keine Schmerzen verursacht.
- Lenken Sie Ihre Aufmerksamkeit auf die belastete Muskulatur.
- Dehnen Sie ruhig und gleichmäßig dynamisch, auf keinen Fall ruckartig oder federnd.
- Sie spüren die Dehnung an der oberen Nackenrückenseite.
- Führen Sie alle Übungen bewusst und kontrolliert aus.
- Halten Sie die Dehnübungen über eine Dauer von jeweils 10-15 Sekunden.
- Der Dehnreiz sollte von Ihnen auf jeden Fall als angenehm empfunden werden.

Autogenes Training (AT)

Das autogene Training erfordert in der Einübungsphase deutlich mehr Zeit und Disziplin und sollte wenn möglich unter fachkundiger Anleitung erlernt werden. Die positive Wirkung auf Körper und Geist ist dafür allerdings auch nachhaltiger als bei einer PMR. Im Training gelangen Sie durch genau abgestufte Konzentrationsübungen und „formelhafte Vorsatzbildung“ (Beispiel: Schwere-Übung) zu einer immer größeren Beherrschung auch der autonom ablaufenden Körperfunktionen.

Beispiel: Schwere-Übung

Es kommt zu einer Verschiebung des Gleichgewichtes zwischen Sympathikus und Parasympathikus in Richtung Parasympathikus, die Blutgefäße werden erweitert, das Blutvolumen erhöht – dadurch kommt es zu einem Schweregefühl.

AT: Schwere-Übung

„Ich lenke meine Aufmerksamkeit zu meinen Füßen",
„meine rechte Ferse liegt schwer auf",
„meine rechte Wade liegt schwer auf",
„mein rechter Oberschenkel liegt schwer auf",
„mein ganzes rechtes Bein liegt schwer auf der Unterlage",
„beide Beine liegen schwer auf",
„ich lasse meinen Po in die Unterlage einsinken",
„meine beiden Schultern liegen schwer auf",
„ich lasse meinen Rücken in die Unterlage einsinken",
„mein rechter Oberarm liegt schwer auf",
„mein rechter Unterarm liegt schwer auf",
„meine rechte Hand liegt schwer auf",
„mein ganzer Arm liegt schwer auf der Unterlage",
(Wiederholung mit dem linken Arm).
„Beide Arme liegen schwer auf",
(insg. evtl. wiederholen).
„Mein ganzer Körper liegt wunderbar schwer und entspannt auf der Unterlage."
„Jeder Nerv ist gelöst, jeder Muskel entspannt und ich fühle in mir Ruhe, Harmonie, Geborgenheit und inneren Frieden."
„Ich genieße es, entspannt zu sein."

Nehmen Sie einen Krimi mit ins Bett

Gehören Sie zu denjenigen, die sich bis zur letzten Sekunde auf Ihre Präsentation vorbereiten? Ändern Sie Ihr Verhalten. Hirnpsychologisch betrachtet müssen die erlernten bzw. eingeübten Inhalte mit möglichst vielen anderen Elementen Ihres Gedächtnisses verknüpft werden, damit sie gut haften – und damit Ihr „Arbeitsspeicher" auch schnell darauf Zugriff hat. Wenn Sie schlagfertig und flexibel präsentieren möchten, müssen sich die Inhalte „gesetzt" haben. Erst dann sind Sie durch sehr viele Reize abrufbar. Ist dies nicht der Fall, hängen Sie viel zu sehr an Ihrer vorgeplanten Struktur, da die einzige Verknüpfung, die Sie Ihrem Hirn ermöglicht haben, eben der rote Faden ist, den Sie gerade vortragen. Deshalb beenden Sie bitte Ihre Vorbereitung frühzeitig und machen Sie die Inhalte beweglich. Lesen Sie einen Krimi. Das lenkt ab, lässt Sie von anderen Dingen träumen und den Rest erledigt Ihr Gehirn im Schlaf.

Keine Beruhigungs- oder Aufputschmittel

Unterschätzen Sie nicht deren Wirkung. Gehen Sie kein Risiko ein. Was bringt es, wenn Sie in Euphorie geraten oder derart lässig auftreten, dass sich die Zuhörer nicht mehr ernst genommen fühlen? Und wozu brauchen Sie die Mittelchen? Die Anspannung sorgt schon dafür, dass Sie hellwach sind. Ein Dank an unsere Vorfahren. Und warum möchten Sie sich beruhigen? Was machen Sie im Mittelteil der Präsentation, wenn Sie merken, dass Sie gut ankommen und erfolgreich sind, also die Anspannung von Ihnen abfällt? Gegen den üblichen Kaffee (in Maßen!) oder etwas Johanniskraut oder Baldrian ist sicher nichts einzuwenden, doch auch hier Vorsicht! Testen Sie die Dosis vorher in ähnlichen Situationen. Denken Sie immer daran: Sie haben eine sehr gute und schöne Präsentation vorbereitet. Wenn Sie irgend jemandem nicht zusagen sollte, ist das mit hoher Wahrscheinlichkeit unabhängig davon, ob Sie die ersten Minuten zu hastig oder zu lässig waren.

Mit der richtigen Einstellung schwindet der Stress

Welche Einstellungen gilt es zu verändern? Was sind denn Ihre persönlichen hinderlichen Gedankenmuster?

Eine Übung in mehreren Schritten kann Ihnen bei der Analyse helfen und Ihnen einen Lösungsweg aufzeigen. Sie sollten diese Übung auf jeden Fall mit einem Partner durchführen.

Schritt 1: Analyse hinderlicher Einstellungen

- Nehmen Sie sich bitte ein Blatt Papier und versetzen Sie sich in Ihre letzte Präsentation zurück. Alternativ stellen Sie sich vor, Sie müssten in zehn Minuten Ihrer gesamten Geschäftsleitung etwas präsentieren, in dem Sie ganz und gar nicht sattelfest sind, wovon aber Ihr weiteres Verbleiben in Ihrer Abteilung abhängen kann.
- Lassen Sie die Situation auf sich einwirken.
- Erspüren Sie die Anspannung, den möglichen Stress, unter dem Sie stehen.
- Schreiben Sie dann ungeordnet *alle negativen* Gedanken auf, die Ihnen durch den Kopf gehen.

Erfahrungsgemäß sind das Gedanken wie:

„Hoffentlich kriege ich das hin."

„Das wird bestimmt nichts."

„Wenn ich jetzt nicht gut bin, ist es wohl aus."

„Die haben mich sowieso auf dem Kieker." Etc.

Das ist der erste Schritt in der Arbeit an Ihren Denkmustern, das Offenlegen derselben.

Schritt 2: An den Einstellungen arbeiten

Starten Sie nun einen inneren Dialog. Führen Sie jeden Gedanken aus bis zu seiner letzten Konsequenz, z. B. „Das wird bestimmt nichts."

Frage: „Was passiert, wenn es wirklich nichts wird?"

Antwort: „Dann bin ich nicht gut genug."

Frage: „Und dann?"

Antwort: „Dann wirkt sich das negativ auf meine Karriere aus."

Frage: „Und dann?"

Antwort: „Dann muss ich vielleicht meinen Posten aufgeben!"

Frage: „Aha. Und dann?"

Antwort: „Tja, dann macht das nicht mehr so viel Spaß."

Frage: „Und du bleibst dann dein Leben lang in einer anderen Abteilung?"

Antwort: „Na ja, vermutlich nicht."

Frage: „Und wenn doch?"

Antwort: „Ja, dann müssen wir halt sehen."

Ziel dieses Dialogs, den Sie im besten Fall mit einer vertrauten Person führen, ist es, alle Gedanken ans Tageslicht zu befördern. Nur so können Sie mit Ihrer Arbeit fortfahren. Nun kommen wir zum nächsten Schritt: der Formulierung positiver Gedanken. Versetzen Sie sich wieder in die Ausgangslage.

Schritt 3: Erarbeitung förderlicher Einstellungen

- Nehmen Sie sich ein Blatt Papier.
- Lassen Sie die Situation wirklich auf sich einwirken.
- Erspüren Sie die Anspannung, den möglichen Stress, unter dem Sie stehen.
- Schreiben Sie dann ungeordnet *alle positiven* Reaktionen der Geschäftsleitung auf, die Ihnen im Zuge Ihrer tatsächlich suboptimalen Präsentation begegnen könnten.

Erfahrungsgemäß sind das Gedanken wie:

„Na, endlich mal keiner von diesen Angsthasen. Der letzte hat sich ja direkt krank gemeldet."

„Endlich mal eine Präsentation, die nicht so steif wirkt (künstlich, einstudiert, verkäuferisch, übertrieben ehrgeizig usw.)

„Mann, der braucht aber noch ein bisschen. Das weiß der

auch. Sonst wäre er ja nicht so nervös. Wenn wir den auf die richtige Position bringen, hängt der sich bestimmt richtig rein!"

„Ich bin diese ausgebufften Profis so leid, die machen sowieso nur, was sie wollen!"

Sie sehen, dass die ganze Situation auch komplett anders beleuchtet werden könnte.

Schritt 4: Das Positive sehen

Nun starten Sie mit Ihrem Partner einen erneuten Dialog. Dieser Dialog bezieht nun den Schritt 2 ein, in dem Sie über mögliche Konsequenzen nachgedacht haben. Gehen Sie jede Ihrer Antworten durch nach dem Motto: Was ist das Positive daran? Hierbei muss der Partner für gewöhnlich stark helfen, da Ihre eigenen Sichtweisen Ihnen so selbstverständlich geworden sind, dass es schwer fällt, die Perspektive zu wechseln.

Beispiel A

„Dann bin ich nicht gut genug."

Frage: „Und das Positive?"

Antwort: „Na ja, das eben, was wir in Schritt 3 gesehen haben." „Korrekt."

Beispiel B

„Dann muss ich vielleicht meinen Posten aufgeben."

Frage: „Und das Positive daran?"

Antwort: „Ich wäre endlich dieses verdammte Projekt los. Ein bisschen Abwechslung kann nicht schaden. Macht auch im Lebenslauf was her. Dann kann ich mich flexibel zeigen und durchstarten." etc.

Schritt 5: Rollentausch

Die positiven Gedanken – oder besser: die andere auch berechtigte Sichtweise – müssen von Ihnen nun so lange eingeübt werden, bis sie quasi automatisch aufblitzen, wann immer Sie demnächst das bekannte Grummeln im Bauch als untrügliches Anzeichen von Stress verspüren. Das geht sehr einfach. Tauschen Sie mit Ihrem Partner die Rollen. Jetzt ist er derjenige, der negativen Gedankenmustern nachhängt. Und er konfrontiert Sie jetzt mit Ihren selbst aufgeschriebenen Gedanken.

Beispiel A

Partner: „Du hast doch nur Angst, dass du in der Achtung deiner Geschäftsleitung sinkst!"

Ihre Antwort (s. o.): „Nein, die finden das sicher klasse, dass nicht schon wieder so ein abgebrühter Selbstdarsteller vor Ihnen steht!" etc.

Beispiel B

Partner: „Du willst doch nur nicht in eine andere Abteilung, gib's zu!"

Ihre Antwort (s. o.): „Stimmt auch nicht, dann wäre ich endlich dieses verdammte Projekt los." etc.

Auf diese Weise trainieren Sie so lange, bis die Antworten aus Schritt 5 Ihnen in Fleisch und Blut übergegangen sind. Das funktioniert leider nicht von heute auf morgen, daher: Dran bleiben! Wenn Sie einmal konzentriert diese Schritte bearbeitet haben, sind Sie bereits auf dem richtigen Weg. Die neue Sichtweise macht Sie empfänglich für ganz andere Botschaften. Und Sie werden sehen, dass es Ihnen immer schneller und auch fantasievoller gelingt, das Positive zu sehen. Stück für Stück ersetzen Sie Ihre alte Einstellung durch eine andere. Das muss keine gänzlich neue Einstellung sein, Hauptsache, Sie haben für Ihre nächsten Präsentationen die richtigen positiven Selbstverstärker parat.

Schritt 6: Die Notbremse ziehen

Abschließend hören Sie noch einmal kurz in sich hinein. Welches *Gefühl* macht sich bei Ihnen breit, wenn Sie unter Stress leiden? Was *fühlen* Sie, wenn Sie in wenigen Sekunden einen Auftritt haben? Häufig zieht sich der Magen zusammen. Oder das Herz rast. Manche Menschen spüren es im Brustkorb oder im Kopf. Hintergrund dieser Frage ist der Folgende: Die Emotion geht der Kognition immer voraus, d. h. dass Sie zuerst Magenbeschwerden bekommen, bevor Ihnen die üblichen Denkmuster (s. Schritt 1) bewusst durch den Kopf gehen. Nehmen Sie nun dieses Gefühl als Anker für eine beherzte innere Notbremse. Sobald sich das Gefühl bemerkbar macht, rufen Sie innerlich „STOP!" und rekapitulieren blitzschnell alle in den Schritten 3 und 4 erarbeiteten und im Schritt 5 trainierten Botschaften. Nehmen Sie dabei den inneren Kampf mit sich auf: „STOP! Das wollen wir ja mal sehen, ob ich mich schon wieder von alten Mustern nach unten ziehen lasse!" Und Schritt für Schritt verändern Sie Ihre Einstellungen.

Fassen wir abschließend alle Schritte dieser nicht ganz einfachen, aber sehr wirksamen Methode gegen Nervosität und Lampenfieber in einer zusammen.

Identifizieren Sie die Einstellung, die Sie belastet!

Beschreiben Sie die Stresssituation so konkret wie möglich, ohne jegliche Bewertung. Wie erleben Sie die Situation, welche Gedanken schießen Ihnen durch den Kopf? Fragen Sie einen guten Bekannten, wie dieser Sie in Bezug auf die Stresssituation sieht. Stresserzeugende Einstellungen sind beispielsweise:

- Ich bin vom Pech verfolgt.
- Starke Menschen brauchen keine Hilfe.
- Ich werde es nie schaffen, mich zu verändern.
- Nur wenn ich absolut sicher bin, kann ich entscheiden.

- Es ist wichtig, dass mich alle akzeptieren.
- Es gibt nichts Schlimmeres als Fehler.
- Die anderen sind besser dran als ich.
- Ich bin für alles verantwortlich.
- Ich habe überhaupt keine Probleme.

Worauf gründet Ihre Einstellung?

- Neigen Sie dazu, das Negative an einer Situation zu stark zu betonen?
- Neigen Sie zu einer Verallgemeinerung der Situation?
- Haben Sie zu hohe oder auch falsche Erwartungen?
- Suchen Sie die Schuld häufiger woanders als bei Ihnen?
- Fühlen Sie sich unnötig hilflos?
- Sehen Sie die Situation anders als andere?
- Dramatisieren und übertreiben Sie?

Legen Sie alte Denkmuster ab

- Gibt es einen Beweis, dass Ihre bisherige Einstellung richtig ist?
- Wie könnten Sie die Situation anders betrachten?
- Welche Tipps könnte Ihnen ein neutraler Beobachter geben?
- Was spricht für Ihre neue Einschätzung?
- Welche anderen Aspekte sind in der Situation wichtig?
- Wie werden Sie in zwei Wochen darüber denken?

Verändern Sie Ihr Verhalten!

- Üben Sie die neue Art zu denken und zu fühlen.
- Begeben Sie sich absichtlich in soziale Situationen, vor denen Sie Angst haben.
- Notieren Sie sich alle positiven Ereignisse, die Ihnen durch das neue Denken widerfahren.
- Bedenken Sie: Eine stresssenkende Umbewertung der Situation funktioniert nicht auf Anhieb, sondern erst nach mehreren Versuchen. Geben Sie nicht gleich auf!

Wer keine Angst hat, als Präsentator zu versagen oder wer keine Angst vor den Folgen hat, falls er doch versagt (was heißt hier überhaupt versagen?), der kennt kein Lampenfieber! Doch ein wenig Anspannung ist nützlich und wichtig. Ohne sie geht es nicht! Denken Sie an Gespräche zurück, die Sie mit guten Freunden, vielleicht dem Partner geführt haben: Sie fühlten sich wohl, waren sicher, mussten kein Versagen fürchten und während Ihr Gegenüber so erzählt, driften Ihre Gedanken zu der Geburtstagskarte für Ihren Chef ab, die Sie vergessen haben zu unterschreiben. Wollen Sie auch in Ihrer Präsentation abschweifen? Hüten Sie sich bitte vor zu großer Gelassenheit. Die Zuhörer werden es merken. Freuen Sie sich also darüber, dass Sie ein wenig angespannt sind!

Störer haben keine Chance

„So," freut sich Carola Müller, „das hört sich sehr gut an. Dann lass uns doch am besten gleich mit der Arbeit anfangen! Ich sage dir, was sich in meinem Kopf abspielt, wenn mein Magen kurz vor der Präsentation zu rebellieren beginnt, und du sagst mir, wie ich meine Einstellung verändern kann." „Halt, halt," bremst Kollege Berger, „wir haben ein Thema vergessen, das für dich auch wichtig sein könnte. Mir ist nämlich aufgefallen, dass du dich durch provokante Fragen ganz schön schnell aus der Ruhe bringen lässt. Und du weißt, dass das eine Spezialität von Kollege Hofer ist!" „Stimmt," gibt Carola Müller zu, „aber du hast gut reden! Du hast ja auch nicht da vorne gestanden. Dann lass uns doch überlegen, was ich beim nächsten Mal anders machen kann! Und am besten gibst du mir auch gleich ein Rezept an die Hand, das ich immer wieder anwenden kann. Nicht nur bei Uwe Hofer!"

In unseren Trainings und eigenen Präsentationen erleben wir eines immer wieder: Wenn es gelingt, sich durch eine kritische Frage oder auch eine offensichtlich bewusste Störung nicht negativ beeinflussen zu lassen, kann man sogar noch Pluspunkte sammeln.

Sie kennen sicherlich aus eigener Anschauung Fälle, in denen der Präsentator durch sein Verhalten nur noch Öl ins Feuer gegossen und sich in Sachen Souveränität nicht mit Ruhm bekleckert hat. Als Referent steckt man natürlich in einem Dilemma. Es ist wie damals in der Schule: Da nimmt ein besonders vorlauter Schüler den Kampf auf und beginnt mehr oder minder aktiv, an der Autorität des Lehrenden zu kratzen. Schlagartig ist die Klasse still und alle sind gespannt, welche Reaktion folgt. Kommt es zu einem Donnerwetter, gilt der Lehrer als autoritär. Reagiert er zurückhaltend, hält man ihn für weich.

Ähnlich wird es Ihnen ergehen, wenn Sie als Präsentator provoziert werden. Auch hier sind die Zuhörer neugierig, wie Sie reagieren. Sie werden enttäuscht sein, wenn Sie kein Rückgrat zeigen, mögen es aber auch nicht, wenn Sie jemanden brüsk zum Schweigen bringen. Die Sympathien werden in solchen Situationen stets neu gemischt.

Sie werden im Weiteren noch viel über den Umgang mit unfairen Taktiken und über Schlagfertigkeitstechniken erfahren. Hier wie dort liegt der Überlegung, wie Sie reagieren sollen, eigentlich ein einziger Gedanke zu Grunde: Was wollen Sie erreichen? Was soll in Ihrer Präsentation in Bezug auf Störungen und das diffizile Machtgefüge passieren? Wenn Sie das für sich klar beantworten, ist die Wahl der Strategie einfach.

Sie wollen nicht kämpfen (Lose-Lose-Strategie)

Sie sind nicht sonderlich involviert in die sozialen und inhaltlichen Geschehnisse rund um Ihre Präsentation. Der Aufwand und auch das Risiko unkalkulierbarer Folgen im Falle einer Auseinandersetzung erscheinen Ihnen zu groß. Deshalb entscheiden Sie, der Provokation kaum Beachtung zu schenken und nicht in den Ring zu steigen. Sie fahren mit Ihrer Präsentation fort.

Sie wollen nachgeben (Lose to Win-Strategie)

Vielleicht ist es für Sie ratsam, freiwillig zu verlieren oder zumindest nicht auf Sieg zu spielen. Das ist vermutlich dann der Fall, wenn die Störung von Ihrer Geschäftsführung ausgeht. Auch ist es möglich, dass gerade diejenige Person stört, die für Sie sehr wichtig ist. Oder dass sie einer für Sie relevanten Fraktion angehört. Denkbar wäre auch, dass Sie in vorangegangenen Situationen über das Ziel hinaus geschossen sind und nun öffentlichkeitswirksam einen Weg der Zurückhaltung einschlagen wollen. Wenn diese oder ähnliche Gedanken zutreffen, sollten Sie nachgeben, um letztlich – was Ihre Zielsetzung anbetrifft – zu gewinnen. Sie gehen auf die Störung ein und passen Ihr weiteres Vorgehen den Wünschen des Störers an.

Sie wollen kämpfen und gewinnen (Win to Lose-Strategie)

In diesem Fall verhält es sich anders. Sie entscheiden für sich, das Feld nicht kampflos zu räumen. Dafür haben Sie Ihre Gründe. Vielleicht möchten Sie Ihrem Team oder Ihrem Vorgesetzten zeigen, dass Sie durchsetzungsstark sind. Mit Ihnen kann man nicht alles machen! Möglicherweise denken Sie an Ihre Zuhörer, die durch vermutete weitere

Störungen irritiert und abgelenkt werden würden. Oder Sie befürchten sogar, dass bei Nicht-Eingreifen die gesamte Präsentation scheitern wird. Vielleicht ist der Störenfried auch gerade der, der Ihnen aus noch ganz anderen Gründen – sagen wir - unsympathisch ist. In diesen Fällen ist die Entscheidung klar. Sie kämpfen, und zwar mit vollem Risiko. Unser Rat: Wägen Sie stets gut ab, ob sich ein Kampf lohnt. Niemals sollte ein Affekt der Auslöser eines Streits sein! Nehmen Sie die Herausforderung einigermaßen gelassen. Bringen Sie sich mit den erarbeiteten Strategien und Taktiken in die Offensive.

Sie wollen eine konstruktive Lösung (win-win-Strategie)

Das ist der Königsweg. Eine win-win-Lösung ist eine Lösung, von der beide Seiten etwas haben. Es liegt auf der Hand, dass Ihnen dieser Weg in der Zuhörergunst auch die mit Abstand meisten Pluspunkte einbringen wird. Hier gehen Sie offensiv auf die Störung ein und erforschen durch Ihre geschickte Fragetechnik das Problem, das dahinter liegen könnte. Integrieren Sie die andere Position und erarbeiten Sie gemeinsam einen für alle Beteiligten positiven neuen Weg. Fragen Sie, was nach des Störers Ansicht ein gutes weiteres Vorgehen wäre. Holen Sie das Publikum ins Boot. Hier können Sie nun argumentativ glänzen! Denn auch die beste win-win-Lösung beinhaltet ja noch Positionen von Ihnen. Und wenn es etwas mehr zu Ihren Gunsten ausgeht, umso besser. Mit dieser Strategie ist nicht der Kompromiss gemeint! Er ist immer nur die zweitbeste Lösung, da jeder Abstriche machen muss. Falls nicht anders möglich, kann auch ein Kompromiss ein akzeptables Ergebnis sein. Ist partout kein konstruktiver Ausweg in Sicht, können Sie immer noch auf Kampf- oder Vermeidungsverhalten umschwenken.

Abschließend ein wichtiger Hinweis: Trennen Sie immer die Sache bzw. Rolle von Ihrer Person oder versuchen Sie dies wenigstens weitestgehend! Nur manchmal sind Sie als Person gemeint, viel häufiger ist der Grund für Kritik und Störung die Sache oder die Rolle des Präsentators. Sobald Sie sich als Person angegriffen fühlen, gerät Ihr Emotionshaushalt in Schieflage. Wer lässt sich schon gern persönlich angreifen? Also reagieren Sie nicht beleidigt und denken Sie daran, dass in den seltensten Fällen Sie gemeint sind.

Wie Sie Einwände behandeln

Wir stellen Ihnen nun einige Techniken vor, die z. T. aus Seminaren und Trainings im Vertriebsbereich stammen. Wir haben immer wieder die Rückmeldung erhalten, dass eine geübte Einwandbehandlung auch in Präsentationen die Überzeugungskraft stärkt und nicht nur im Kundengespräch. Die eigentliche Einwandbehandlung will gut vorbereitet sein. Es sind vier Schritte nötig:

1. Analytisches aktives Zuhören

- Was genau passiert?
- Will man mich provozieren?
- Was sagt das Gegenüber über sich aus?
- Körpersprache, Mimik beachten.
- Freundliche und zugewandte Haltung bewahren.

2. Rückfragen

- Zeitgewinn.
- Zusätzliche Informationen generieren.

3. Kurze Pause

Nachdenken, Argumente bereitlegen.

4. Einwandbehandlung

Freundlicher Einstieg durch Verständnissignale.

Mit dieser Abfolge bereiten Sie eine konstruktive Einwandbehandlung optimal vor. Der erste Schritt soll Sie davor bewahren, zu ungestüm auf Ihr Gegenüber loszugehen und sich eine wirkliche Überzeugung zu verbauen. Analysieren Sie, was man tatsächlich von Ihnen möchte und lassen Sie sich nicht zu früh aus der Reserve locken. Mit dem zweiten Schritt stellen Sie sicher, dass Sie die relevante Information auch wirklich erhalten haben. Und Sie gewinnen Zeit! Den dritten Schritt sollten Sie nicht überspringen. Die entstehende Pause mag Ihnen unangenehm erscheinen. Dass Sie nachdenken, signalisiert dem Gegenüber allerdings ein reales Interesse. Und für eine gute Einwandbehandlung benötigen Sie ein wenig Zeit zur Gedankensortierung und Formulierung.

Die wichtigsten Techniken

Erst jetzt, nach der Vorbereitungsphase, wissen Sie, welche Technik angebracht ist:

- **Vorwegnahme**
  „Manchmal werde ich nach ... gefragt. Dieser Vertragsbestandteil sichert Ihnen ...“

- **Zurückstellen**
  „Ich halte Ihre Frage fest. Kann ich die Frage beantworten, wenn wir über ... gesprochen haben?“

- **Isolieren**
  „Wenn wir diesen Aspekt einmal außer Acht lassen, was ist Ihnen noch wichtig am Konzept?“

- **Fragen**
  „Dafür habe ich Verständnis. Wann muss die Auslieferung beim Endkunden sein?“

- **Gegenfrage**
  „Verstehe, das ist Ihnen zu teuer. Wie viel sind Sie denn bereit zu investieren?“

- **Konstruktiv vorschlagen**
  „Das tut mir leid. Dann schlage ich Ihnen vor, dass Sie sich direkt an mich wenden.“

- **Beweisen**
  „Ich verstehe Ihre Gedanken. Schauen Sie: Hier in den Allgemeinen Geschäftsbedingungen ist alles exakt geregelt.“

- **Kompensieren**
  „Ja, das ist richtig. Dafür erhalten Sie ein besonders günstiges Mailing.“

- **Andere Gesichtspunkte nennen**
„Ja, wir berechnen für die Blaupause ... Euro. Andererseits zahlen Sie nur für die tatsächlich in Anspruch genommene Leistung.“

- **Zurückgeben**
„Das ist verständlich. Gerade deshalb habe ich Sie angerufen, um Ihnen die günstigen Konditionen für eine längere Zeit zu sichern.“

- **Referenzen/Anekdoten**
„Sie sind nicht der Erste, der das sagt. Vor wenigen Tagen war ein ebenso skeptischer Kunde bei mir. Er hat sich bei mir bedankt, dass ich ihm zu dieser Variante geraten habe.“

- **Transformieren**
„Danke für den Hinweis. Sie wünschen also ein längeres Zahlungsziel.“

- **Erneutes Abwägen**
„Dann möchte ich Ihnen noch einmal alle Vor- und Nachteile gegenüberstellen um Ihnen Ihre Entscheidung zu erleichtern.“

- **Vorabschlussfrage**
„Wenn dieser eine Punkt ausgeräumt wäre, würden Sie dem Konzept dann zustimmen?“

Übung: Einwänden begegnen

Bitten Sie einen Partner, sich mit Ihnen zusammen in die Situation eines Verkaufsgesprächs zu versetzen. Sie selbst sind der Verkäufer, Ihr Partner der abwartende Kunde.

Wählen Sie ein typisches Abwehrargument eines noch nicht überzeugten Kunden:

- „Das ist mir zu teuer!" oder
- „Die Lieferzeit ist zu lang!" oder
- „Bei Firma XY gibt es ein besseres System!" oder
- „Das System kann doch gar nicht so gut sein, wie Sie sagen!"

Erwidern Sie mit allen adäquaten Einwandbehandlungstechniken.

Erfragen Sie die jeweilige Wirksamkeit.

Dann tauschen Sie die Rollen, damit auch Sie Ihr Gespür für die Wirksamkeit schärfen.

Mit diesem Strauß an Möglichkeiten wird es Ihnen zukünftig leicht fallen, Einwänden schnell und präzise zu begegnen. Die Vorwegnahme ist übrigens besonders effektvoll. Denn sie ist es, die auch den dialektischen 5-Satz so erfolgreich macht. Sie erinnern sich? Dort nehmen Sie in Schritt 2 ebenfalls die wesentlichen Gegenargumente vorweg und nehmen der Gegenpartei den Wind aus den Segeln.

Nutzenargumentation

Noch ein Rat zum Schluss, der ebenfalls aus unseren Vertriebstrainings stammt: Argumentieren Sie, wann immer es geht, mit den Vorteilen des Gegenübers! Wir nennen dies Nutzenargumentation. „Das bringt Ihnen ..." oder „Ihr Mehrwert besteht darin, dass Sie ..." oder „Für Ihr Vorhaben bedeutet das natürlich zwei wesentliche Vorteile ...". Wenn Sie Ihre Argumente so formulieren können, dass die Gegenpartei eigene Vorteile entdecken kann, erleichtert das Ihre Überzeugungsarbeit wesentlich. In aller Regel lässt sich durch eine geschickte Wortwahl auch bei ziemlich konträren Positionen noch der eine oder andere Vorteil für Ihr Gegenüber finden. Probieren Sie es aus! Wechseln Sie von der verständlicherweise ich-zentrierten Argumentation („*Ich* will Recht behalten! Wie kriege *ich* das hin?") zu einer, die die Gegenpartei zu gewinnen, zu manipulieren oder auch zu attackieren versucht. Forschen Sie immer nach Schwächen der Gegenseite! Trainieren Sie auch Ihr diplomatisches Geschick. „Anything goes!" Will sagen, dass auch die Devise gilt: „Der darf nicht Recht haben! Wie kriege ich das hin?" Und dazu gibt es – Sie wissen es – viele Wege.

Kontern Sie schlagfertig

Eigentlich ist ja das Ziel Ihrer Argumentationskünste, ein Streitgespräch zu vermeiden. Aber das hilft Ihnen dann nicht mehr weiter, wenn es die Gegenpartei ganz offensichtlich darauf anlegt, Sie unfair anzugreifen. Deshalb stellen wir Ihnen einige gängige und erfolgreich erprobte Strategien vor, mit denen Sie auf Angriffe reagieren können, die sich nicht gegen die von Ihnen vertretenen Standpunkte, sondern gegen Ihre Person richten (argumentam ad personam). Lernen Sie schlagfertig zu sein!

- **Abwarten**

Nichts sagen und abwarten, was geschieht – dabei Blickkontakt halten. Sie selbst bestimmen, wann Sie antworten. Eine Technik, um Zeit zu gewinnen.

- **Absurdes Theater**

Den Gesprächspartner mit einer absurden Reaktion überrumpeln. Einfachste Variante: Ein Sprichwort, das nicht passt. („Mit einer Hand kann man nicht klatschen." oder „Der Neid brütet Schwäne aus faulen Enteneiern.") Führt zu Überforderung auf der Gegenseite.

- **O.k.-Technik**

Zustimmen, den Vorwurf ins Maßlose übertreiben und damit die Sache ins Komische kippen. Entwaffnet den Angriff.

■ **Dolmetscher-Technik**
Aussagen ummünzen: positiv, negativ, diplomatisch. Nimmt die Schärfe. (A: „Sie sind ja nicht teamfähig!" B: „Ja, es gelingt mir durchaus, anspruchsvolle Aufgaben selbstständig und eigenverantwortlich zu lösen.")

■ **Klassischer Gegenkonter**
Den Spieß herumdrehen – an das gebunden, was das Gegenüber sagt. (A: „Wenn ich Ihre Frau wäre, würde ich Ihnen Gift geben." B: „Wenn ich Ihr Mann wäre, würde ich es nehmen." *Churchill*).

■ **Gegenfrage**
Sichert Souveränität und verhindert Ausgeliefertsein. Brechen Sie immer so schnell wie möglich aus Defensivsituationen aus! Nur dann können Sie wieder punkten!

■ **Bumerang**
Dem Einwand zustimmen und ein „Gerade-deshalb-Argument" anfügen.

■ **Instant-Sätze**
Standard-Formulierungen als Rettungsanker: „Lieber (a) ... als (b) ..." oder „Schön für Sie.", „Sie sind eben mein Vorbild." oder „Ich dachte, das wäre hier so üblich." oder „Wenn es Ihnen damit besser geht."

■ **Gegensog**
Den Sog wahrnehmen und sich ihm widersetzen. Wirkt herausfordernd. Aufforderungen nicht nachkommen: „Nennen Sie mir drei Gründe!" „Zwei genügen völlig." Suggestivfragen aushebeln. „Sie wollen doch nicht etwa ..." „Doch! Genau das will ich." Falsche Alternativen zurückweisen: „Montag oder Dienstag?" „Weder noch!"

Abschließend eine ergänzende Übersicht mit vielen Beispielen:

Unfaire Taktik	Ihre Abwehr
Nicht Argumente angreifen, sondern Lebenswandel, Lebensstil, Moral des anderen.	Schwerhörig stellen und wiederholen lassen bis zur Lächerlichkeit.
Kompetenz, guten Willen, Wahrheitsliebe des anderen bestreiten.	Auffordern, doch bei der Sache zu bleiben.
Die Meinung des anderen in die Nähe von Feindbildern rücken („Stasi-Methoden", Nazi, Kommunisten, „Pfaffen" ...)	Etikettierungen als grobe Simplifizierung kühl ablehnen. Oder: Spieß umdrehen und gleiche Taktik anwenden.
Auf andere Äußerungen hinweisen, die der andere früher getan hat.	„Auch Sie können mich nicht hindern, klüger zu werden."
Fehlformulierungen, falsche Aussprache oder falsch gebrauchte Fremdwörter aufgreifen.	Kühl zugeben, als sei es ein Versprecher gewesen. „Ich habe versucht mich auf Ihr Niveau einzustellen."
Bedrohungen „Wir sehen uns noch mal wieder!" „Sie werden mich auch noch mal nötig haben!" „Ihnen werden wir das Wasser abgraben."	Ignorieren, überhören.
Spott, Hohn	Humorvoll reagieren, als sei es ein Scherz gewesen. Schwerhörig stellen und bis zur Peinlichkeit wiederholen lassen.
Man beruft sich auf Autoritäten, wissenschaftliche Studien etc.	Genaue Quellenangabe verlangen und notieren.
Man benutzt einen unverständlichen Jargon, Fachsprache, komplizierte Formulierungen.	„Wenn Sie das klar durchdacht hätten, sollten Sie es auch klar aussprechen können."

Unfaire Taktik	Ihre Abwehr
Die Aussage des anderen übersteigern, bis sie absurd wirkt.	„Extreme sind immer falsch." „Ihre Übertreibung ist praxisfremd."
Ablenken, Nebenthemen, verplaudern, verschleppen.	Zurücklehnen und zeigen, dass man Zeit hat, nicht unter Druck steht und nicht unbedingt heute ein Ergebnis braucht.
Anderen als Nicht-Person im Gesprächskreis ignorieren.	Auf keinen Fall Verletztheit zeigen oder selbst unfair werden, sondern neutral den Gesprächskreis verlassen.

Wenn Sie all diese Tipps und Abwehrmöglichkeiten verinnerlicht haben, dürfte Sie so leicht kein Gegner mehr aus der Bahn werfen können. Betrachten Sie die vielen Möglichkeiten, Einwände zu behandeln und unfaire Taktiken abzuwehren als eine Art Bauchladen. Nehmen Sie sich die Taktik, die Methode heraus, die in Ihren arbeitsalltäglichen Kontext und insbesondere zu Ihnen passt. Wenn Sie bislang sehr zahm waren und der konfrontationsfreudige Angriff nicht in Ihrem Repertoire zu finden war, wirkt es verstörend, wenn Sie plötzlich aus allen Rohren feuern – und sich dabei eventuell auch in der Wahl des Kalibers vergreifen. Muten Sie Ihrem Umfeld nicht zu viel auf einmal zu, sonst nimmt man Sie nicht mehr ernst und fragt sich etwas ratlos: „Was ist denn mit der Müller los? Ob Sie Schwierigkeiten hat?" Erweitern Sie Schritt für Schritt Ihre Möglichkeiten. Werden Sie schlagfertig, nicht verkrampft.

Wie Sie hinterlistige Taktiken abwehren

- Demonstrieren Sie Selbstbewusstsein!
- Kontrollieren Sie Ihr eigenes Verhalten (Mimik, Gestik, Einstellungen)!
- Stellen Sie Rückfragen!
- Spielen Sie auf Zeit!
- Antworten Sie ggf. nicht direkt!
- Sprechen Sie die erkannte Taktik an!
- Kontern Sie mit Sprüchen, ziehen Sie die Taktik ins Lächerliche!
- Decken Sie Widersprüche auf!
- Eröffnen Sie Nebenkriegsschauplätze!
- Verunsichern Sie Ihren Gesprächspartner ebenfalls!

Strategien

Das Ganze lässt sich natürlich auch im Voraus planen und muss dann nicht erst in der jeweiligen Situation konstruiert werden. Folgende Strategien lassen sich recht gut unterscheiden und können – je nach Ihrem Gusto – auch im Vorfeld bedacht und vor allem geübt werden:

- **Beeindrucken** (Argumente aufpäppeln)
  Imponiergehabe: Bemerkung soll den Sprecher aufwerten
  Meinungen als Fakten ausgeben: Hochstapelei
  Zitieren
  Analogien, Bonmots: Meist unzulässige Verallgemeinerungen
  Personalisieren: Die Person des Sprechers einbeziehen

- **Manipulieren** (Entscheidungsfreiheit des anderen einschränken)
  Bonbons: Belohnungen
  Emotionalisieren: Argumente bekommen noch einen Gefühlswert angehängt
  Appellieren: Sonderfall des Emotionalisierens
  Andeuten: Eingeschränkte Offenheit

Scheinalternativen: Man lässt nur zwei Alternativen zu
Selbstbekehrung: Man spricht von sich und meint den anderen
Rhetorische Fragen: Auf die geäußerten Fragen wird keine Antwort erwartet

- **Verteidigen** (negative Wertung verhindern)
  Relativieren: Verallgemeinern, Meinung an großen oder kleinen Maßstäben messen
  Einwände vorwegnehmen: Wind aus den Segeln nehmen
  Retourkutsche: Nicht auf die Kritik eingehen, sondern gleich zum Gegenangriff übergehen
  Personalisieren: Die Person des Kritikers wird angegriffen
  Zeit schinden und ausweichen: Vertagen, Bedenkzeit

- **Abschießen** (positive Wertung verhindern)
  Gesunder Menschenverstand: Einfach als Common Sense setzen
  Übertreiben: Den Teufel an die Wand malen
  Verunsichern: Drohen, Äußerungen ganz genereller Skepsis
  So tun als ob: Advocatus Diaboli

Nach B. Weidemann

Kränkungen und Provokationen

Eine effektive Strategie, mit der Sie andere verunsichern oder beeindrucken können, besteht in Angriffen auf deren Selbstbild. Zunächst versuchen Sie im Gespräch, das (vermutete) Selbstbild Ihres Gegenübers zu identifizieren. Wenn Sie beispielsweise herausgefunden haben, dass sich Ihr Gesprächspartner für sehr *modern* hält, stimmen Sie Ihren (unfairen) Angriff oder Ihre *Provokation* darauf ab oder wählen Sie einen konstruktiven, *neutralen* Weg. Das erfordert eine rasche Analyse und eine gute Portion Menschenkenntnis. Falls Sie Ihr Gegenüber nicht gut genug kennen, bilden Sie sich eine Hypothese. Achten Sie in seinen Äußerungen wie auch in seinem Äußeren auf alle Botschaften, die Ihre Hypothese stützen oder widerlegen können. Wie spricht er von sich? Welches Bild hat er von seiner Umwelt? Wie sieht er sich in Bezug zu Ihnen? Welche Botschaften häufen sich? Können Sie Muster erkennen? Die Tabelle nennt einige häufige und leicht zu erkennende Selbstbilder.

Selbstbild	Provokation	Neutralität
Intelligent und informiert	Jetzt sind Sie unlogisch! Sie wissen wohl nicht mehr, was Sie vorher gesagt haben!	Da habe ich Sie nicht verstanden. Erklären Sie bitte, wie Sie zu dieser Meinung kommen.
Ehrlich	Sie wollen mich wohl für dumm verkaufen.	Es fällt mir schwer, das zu glauben.
Modern	Das können Sie heute niemanden mehr erzählen!	Es gibt aus den letzten Jahren Erfahrungen, die Folgendes nahe legen ...
Souverän und tolerant	Sie müssen wohl oder übel zugeben, dass ich Recht habe.	Wo sind wir uns einig und wo sehen Sie Unterschiede?
Erfolgreich und machtbewusst	Ich kann mir vorstellen, dass es Ihnen nicht schmeckt, anderen Recht zu geben.	Ohne Sie komme ich auch mit noch so guten Argumenten nicht weiter!
Konsequent	Sie behaupten alle fünf Minuten etwas anderes.	Kann man Ihren Standpunkt so zusammenfassen?

Nach B. Weidemann, verändert

Fragetechniken

Wenn Sie im Gespräch führen wollen oder Angriffe abwehren möchten, sind sie unverzichtbar: die Fragetechniken. Eine gut formulierte und ebenso platzierte Frage ist ein ausgesprochen machtvolles Steuerungsinstrument.

Die offene Frage

Sie ist einfach und effektiv. Kennzeichen ist immer ein Fragefürwort, das mit dem Buchstaben „W" beginnt: Warum, was, wie, woher, wer, wann? etc. Die offene Frage zielt darauf ab, ein Maximum an Informationen vom Gegenüber zu erhalten. Sie zwingt den anderen zu einer substanziellen Antwort. Daher möchten wir Sie ermuntern, nur selten auf Alternativ- oder ganz geschlossene Fragen zurückzugreifen. Mit der Alternativfrage geben Sie Antwortalternativen vor und erfahren so eventuell nicht die wahre Antwort. „War Ihnen das Thema der Präsentation zu komplex oder hatten Sie nur zu wenig Zeit?" Geschlossene Fragen ergeben die Antworten „Ja" bzw. „Nein". „Engagieren Sie sich nun im Projekt oder nicht?" Beide Fragearten sind durchaus sinnvoll, wenn Sie eine Entscheidung herbeiführen oder den Entscheidungsprozess nebenbei steuern wollen. Die offene Frage ist allerdings bezogen auf den Prozess der Auseinandersetzung noch wesentlich mächtiger. Sie kennen sicher die Regel „Wer fragt, der führt."

Die offene Frage ist auch dann zu empfehlen, wenn Sie aus Defensivsituationen ausbrechen wollen. Wann immer Sie durch sachliche oder auch unsachliche Argumente und Taktiken in Bedrängnis gebracht wurden, arbeiten Sie mit offenen Fragen. Sie verschaffen sich Luft und zwingen die Gegenpartei zum Reden. Übrigens zeigt sich dabei meistens, dass deren Angriffe aus einer beträchtlichen Portion heißer Luft bestehen.

Beispiele für offene Fragen

- „Was genau meinen Sie damit?"
- „Was genau stört Sie an diesem Konzept?"
- „Wieso glauben Sie, das sei so nicht durchsetzbar?"
- „Wie sollten wir denn dann Ihrer Ansicht nach weiter vorgehen?" „Was bezwecken Sie mit diesem unfairen Angriff auf meine Person?" „Wann wäre der Vertrieb denn Ihrer Meinung nach bereit, mit der Umsetzung zu beginnen?"
- „Warum haben Sie es nötig, die Sachebene schon wieder zu verlassen?"
- „Was glauben Sie, wie lange wir hier noch zusammensitzen, wenn wir auf alle Ihre Einwürfe im Einzelnen eingehen würden?"

Wenn Ihnen einmal gar nichts mehr einfällt, stellen Sie ganz entspannt eine offene Frage und Sie werden sehen, dass Sie wieder Oberwasser bekommen.

Übung: Fragetechnik

Trainieren Sie die offene Frage!

Nehmen Sie sich fest vor, Ihr Umfeld mit offenen Fragen zu tyrannisieren.

Nerven Sie!

Machen Sie sich kleine Zettel, die Sie in Aktentasche, Anzug, Portmonee verstecken: „Frag offen!"

Kleben Sie sich auch einen Zettel an den Bildschirm.

Ihr erster Gedanke – wann immer jemand etwas zu Ihnen sagt – muss sein: „Welche offene Frage wäre jetzt passend?"

Erweitern Sie dann: „Mit welcher Frageform könnte ich in genau dieser Situation bei genau diesem Gesprächspartner etwas für mich erreichen?"

Im nächsten Streitgespräch geben Sie wieder und wieder durch offene Fragen den Ball zurück. Sie werden erstaunt sein, welche Konsequenzen das nach sich zieht!

Halten Sie inne und reflektieren Sie: Beherrschen Sie die offene Frage aus dem Effeff? Wenn nicht: Beginnen Sie von vorn.

Weitere Fragetechniken

Aus der Vielzahl von Fragearten haben wir hier noch einige ausgewählt, die sich zur Gesprächssteuerung und zur Abwehr von Angriffen bestens eignen.

- Sokratische Frage

Der Fragende weiß etwas und ist sich sicher, dass der andere es nicht weiß. Er hebt das Wissensdefizit der Gegenpartei hervor.

- Suggestivfrage

Hier versuchen Sie, manipulativ auf den Gegner einzuwirken. „Sie meinen doch sicher auch, dass wir an dieser Stelle nicht ohne das Votum der Geschäftsführung weiterkommen?“ Bei der Suggestivfrage wird in der Regel mit der Konstruktion „doch (sicher) auch“ gearbeitet. Wenn Sie diese Frage nicht zu häufig einsetzen, werden Sie das Gespräch gut nach Ihren Vorstellungen steuern können. Da die meisten Menschen Manipulationsversuche schnell erkennen, können sich Suggestivfragen negativ auf die Gesprächsatmosphäre auswirken.

- Rhetorische Frage

Wer diese Frage stellt, erwartet eigentlich keine Antwort bzw. liefert diese gleich mit. „Sollen wir uns die Gelegenheit entgehen lassen, endlich schwarze Zahlen zu schreiben?“ „Sind wir nicht alle der Meinung, dass wir nur dann gewinnen, wenn wir am gleichen Strang ziehen? Ich meine: Ja!“ Die rhetorische Frage ist deutlich weniger konfliktär als die Suggestivfrage, entwickelt aber auch keinen vergleichbaren Einfluss. Sie dient eher dazu, eine schon vorhandene Stimmung aufzugreifen und die eigene Position dadurch zu stärken, dass etwas formuliert wird, was ohnehin alle befürworten.

- Fangfrage

Geradezu bösartig ist die Fangfrage. Hier wird der Gesprächspartner gebeten, zu zwei negativen Alternativen Stellung zu nehmen. „Warum sind Sie so unaufmerksam Herr Mayer, sind Sie nicht in der Lage, meinen Ausführungen zu folgen oder haben Sie kein Interesse am Fortbestand unserer Firma?“ Die Fangfrage ist insofern ein „mächtiges Instrument“, da der Gefragte nicht sofort realisiert, dass beide Alternativen ihn schlecht dastehen lassen. Auf eine Fangfrage darf man sich also erst gar nicht einlassen. Wie könnte der arme Herr Mayer reagieren? Beispielsweise, indem er die Frage ignoriert und zu einem anderen Thema übergeht. Oder eine Gegenfrage stellt.

Warum auch Zuhören wichtig ist

Ob eine Diskussion, die Sie im Anschluss an Ihre Präsentation führen, konstruktiv verläuft, hängt entscheidend davon ab, ob Sie Ihrem Publikum aufmerksam zuhören können. Hier ist das so genannte aktive Zuhören gefragt, bei dem Sie Ihren Gesprächspartnern immer wieder signalisieren: „Ich bin ganz Ohr, ich nehme Ihre Argumente wahr." Der Vorteil des aktiven Zuhörens ist auch, dass Sie nicht übereilt, sondern wohl überlegt auf Fragen, Anmerkungen und Störungen reagieren können. Aber wie hören Sie aktiv zu?

Zeigen Sie Aufmerksamkeit

- Ruhiger, offener, bedrohungsfreier Blickkontakt
- Offene, zugewandte, entspannte Körperhaltung
- Ruhige, bedrohungsfreie Stimmführung

Ermutigen Sie andere

- Freundliche Gesten (Kopfnicken o. Ä.)
- „Türöffner" verwenden („hmm", „ja", „aha", „interessant")
- Pausen zulassen können, gegebenenfalls nachfragen

Erkennen Sie wichtige Sachverhalte und Gefühle

- Konzentriert sein
- Schlüsselbegriffe suchen
- Muster erkennen
- Nonverbale Äußerungen beachten
- Verstehen wollen heißt noch lange nicht billigen

Erinnern Sie wichtige Sachverhalte und Gefühle

- Hauptgedanken in eigenen Worten wiederholen
- Kernpunkte strukturiert zusammenfassen

Das erreichen Sie durch aktives Zuhören

- Sie verstehen Ihr Gegenüber besser.
- Sie signalisieren Wertschätzung.
- Sie ermuntern zum Reden, erfahren viel.
- Sie „spiegeln"(was Ihr Gegenüber meint und fühlt), geben Ihrem Gegenüber die Möglichkeit, falsch Verstandenes richtig zu stellen.
- Sie ergänzen nicht und erhalten so ein unbeeinflusstes Bild.
- Sie sind konzentriert bei ihm/ihr; Ihnen entgeht nichts.

- Sie nehmen auch die Körpersprache wahr, Sie erhalten ein „echtes“, kongruentes Bild.
- Sie kontrollieren Ihre eigene Wahrnehmung, reflektieren Ihre eigene Subjektivität.
- Sie spiegeln auch die Gefühlsebene und erweitern so den Kommunikationsspielraum.

Jetzt wird sicher auch klar, warum das aktive Zuhören Grundvoraussetzung einer funktionalen und wertschätzenden Kommunikation ist.

Übung: Kontrollierter Dialog

Sie brauchen zwei Mitstreiter, zu dritt seien Sie nun Personen A, B und C.

A und B unterhalten sich angeregt über ein Thema freier Wahl. C beobachtet stumm.

Nun beginnt die Übung. A führt zu einem vereinbarten Thema einen kurzen Monolog (zunächst etwa 2 Min.). B hört aktiv zu, C beobachtet nur.

Nun gibt B das Gesagte auf sachlicher und wenn möglich auch auf emotionaler Ebene (Ängste, Sorgen, Zorn, Stimmungen usw.) wieder.

C prüft, ob dies regelgerecht geschieht und gibt Rückmeldung zum aktiven Zuhören von B.

A entscheidet, ob er von B adäquat gespiegelt wurde. Wenn ja, darf nun B einen Monolog halten und A hört aktiv zu. Wenn nicht, fährt A fort.

Nach je drei Monologen werden die Positionen reihum weiter gegeben.

Verlängern Sie die Monologe.

Variante: A und B sitzen Rücken an Rücken. Das erhöht die Konzentration auf das Gesagte deutlich und schult Sie, nur aus der Stimme auf Emotionen zu schließen.

WAS HÖREN SIE?

Wer richtig zuhört, gewinnt wertvolle Erkenntnisse für sein eigenes weiteres Vorgehen:

1. Zuhören auf die **Resultate** hin
   In welche „Schublade" gehören die Ausführungen?

2. Zuhören auf den **Gang der Argumentation** hin
   Wie begründet er seine Ansicht?

3. Zuhören auf den **Diskussionszusammenhang** hin
   Wie fasst er die zentralen Diskussionsthemen und Probleme auf? Welche neuen Sichtweisen vermittelt er uns?

4. Zuhören auf die **Kritikwürdigkeit der Aussagen** hin
   Sind seine Ansichten treffend, wahr, gültig? Wo sind Fehler?

5. Zuhören auf den Beitrag zu einer Problemlösung hin
   Welches Gewicht hat der Beitrag? Was besitzt dauerhaften Wert in den Ausführungen?

6. Zuhören **auf die Inspiration** hin
   Liefert mein Gegenüber einen Beitrag zu meiner Sicht der Dinge?
   Inwiefern ist sein Problem meines?
   Wie inspiriert mich seine Herangehensweise?

Die kontrollierte Eskalation

Generell gilt: Vermeiden Sie, so lange es geht, eine harte Auseinandersetzung. Häufig reicht es schon, die Waffen zu zeigen und die Störungen sind vorbei. Was aber, wenn der Störer keine Ruhe gibt? Dann versuchen Sie es mit der 5-I-Regel.

Die 5-I-Regel

Folgende Möglichkeiten halten wir für sehr effektiv:

1. **Ignorieren**: kein Eingehen auf den Störenden.
2. **Integrieren**: aktives Einbinden des Störers in die Präsentation.
3. **Ironisieren**: ironische Bemerkung zu den Störungen.
4. **Identifizieren**: Störenden beim Namen nennen und auf sein Verhalten ansprechen.
5. **Isolieren**: Störenden von den Übrigen isolieren.

Ignorieren

Versuchen Sie es zuerst mit dieser Technik. Dadurch zeigen Sie Stärke, Sie lassen sich nicht so schnell aus dem Konzept bringen. Das kann dem Störer bereits imponieren und ihn von weiteren Provokationen absehen lassen. Zudem ist das Stören ja auch ein Machtspiel, dessen Nervenkitzel er genießt. Und wenn Sie nicht mitspielen, verliert er wahrscheinlich bald die Lust. Nach unseren Erfahrungen kommt es ausgesprochen selten vor, dass weiterhin provoziert wird, wenn die Gegenseite nicht mitzieht. Bedenken Sie aber auch eine der Grundregeln der Gruppendynamik: Störungen haben Vorrang. So lange in der Gruppe Emotionen köcheln, ist in der Regel an effektives Arbeiten nicht zu denken. Findet Ihre Präsentation also in einem Rahmen von Team- oder Gruppenaktivität statt, sollten Sie Störungen nicht zu häufig ignorieren. Sie kommen mit Sicherheit in anderen Kontexten wieder aufs Tapet – und können dann eventuell wirklich störend sein. Insgesamt sollten Sie sich wie bei allen hier erörterten Strategien von einem positiven und wertschätzenden Menschenbild leiten lassen. Sehen Sie den Menschen ihren Drang zur Selbstdarstellung nach. Da Sie gerade vorne stehen, sind Sie eben zwangsläufig Projektionsfläche. Das Ignorieren kann aber noch eine ganz andere Funktion haben. Wenn nämlich der Störer wiederholt provoziert und Sie nicht darauf eingehen, senden Sie eine klare Botschaft: „Sie sind es nicht wert, dass ich mich mit Ihnen befasse.“ Das sitzt und ist ein klares Kampfsignal. Möchten Sie allerdings nicht auf Konfrontationskurs gehen, ist folgende Vorgehensweise sinnvoller.

Integrieren

Ein integratives Vorgehen bietet sich an, wenn Sie auf eine win-win-Lösung abzielen. Während Sie eben noch ignoriert und damit vielleicht einen wertvollen Beitrag nicht aufgenommen haben, gehen Sie hier offensiv und konstruktiv auf den Störenden zu. Heben Sie den Störer hervor, machen Sie ihn wichtig. Je stärker und bedeutsamer der Störer seine Position wähnt, desto zahmer wird er. Menschen, die penetrant stören, sind häufig extravertiert mit mehr oder minder stark ausgeprägtem Dominanzverhalten. Gehen Sie darauf ein, binden Sie sie ein. Gleichzeitig ist das integrative Vorgehen wieder ein beeindruckender Beweis für Ihre Souveränität. Sie lassen sich nicht ärgern, Sie sind freundlich und kooperativ!

Versuchen Sie auch Folgendes: Wann immer Sie neu in eine Gruppe, ein Auditorium kommen, versuchen Sie so schnell wie möglich die Aktivposten zu identifizieren. Wer ist laut? Wer beeinflusst andere? Auf wen schauen die anderen? Wer testet Ihr Know-how etc.? Diese Personen können Ihnen mit hoher Wahrscheinlichkeit am gefährlichsten werden. Holen Sie sie ins Boot! Integrieren Sie sie. Wenn es sein muss auch mit Charme und Raffinesse, das hängt wie immer von Ihrer persönlichen Zielsetzung ab.

Ironisieren

Ihre Geduld ist strapaziert, die Provokationen lassen sich weder durch Ignorieren noch durch Integrieren abstellen. Überlegen Sie jetzt gut, bevor Sie handeln. Sobald Sie mit spitzer Ironie ins Feld ziehen, erhalten Sie entsprechende Echos. Ironie ist eine klare Kampfansage, sie wird nahezu immer als solche verstanden. Wenn Sie sich für einen Streit entschieden haben, bedienen Sie sich der zahlreichen Anregungen aus dem Argumentationskapitel. Zügeln Sie aber Ihr Temperament und vermeiden Sie Sarkasmus oder Zynismus, sie sind zu aggressiv. Beginnen Sie möglichst sachbezogen und greifen Sie (noch) nicht die Person an. „Auch für Sie, Herr Kluge, könnte sich in meinem Vortrag das eine oder andere Interessante verbergen. Sie müssen lediglich genau hinhören.“ Das wäre eine recht harmlose Attacke, die disziplinieren kann, ohne dass sofort Streit ausbricht. Steigern Sie, falls nötig, etwa so: „Nun, Herr Kluge, ich sehe, dass Sie uns (!) mit Ihrem Wissen weit voraus sind. Wie wäre es, wenn Sie uns teilhaben lassen?“ Es ist geschickt, wenn Sie die anderen Zuhörer auf Ihre Seite ziehen und den Störenfried isolieren. Sie befinden sich nun in einer sehr fragilen Position. Vielleicht sind die meisten Zuhörer zunächst auf Ihrer Seite, da es sich um eine offensichtliche Provokation handelt und Sie Herrn Kluge die Möglichkeit gegeben haben, ohne Gesichtsverlust nachzugeben. Gleichzeitig ist der Störer einer von den Zuhörern und vielleicht hat er ja auch gar nicht so Unrecht. Stellen Sie ihn brutal bloß, wird man Sie zwar für durchsetzungsstark halten – mögen wird man Sie nicht. Vielleicht ist es deshalb besser, die folgende Strategie zu wählen.

Identifizieren

Nun öffnen Sie Ihr Visier. Das Identifizieren – so paradox das klingen mag – hat auch etwas Entspannendes: Die Fronten werden geklärt, Sie stecken klar Ihr Revier ab und sagen offen, was Sie stört und was Sie von Herrn Kluge erwarten. Nun kann Herr Kluge kontern, aber eigentlich ist er schon auf der Verliererstraße. Denn es ist anzunehmen, dass Herr Kluge tatsächlich stört und auch die anderen Zuhörer damit verärgert. Wenn es nicht einen wirklich triftigen Grund für das Verhalten von Herrn Kluge geben sollte (dann allerdings wären Sie kein guter Präsentator und sollten Ihr Vorgehen überdenken), kann er nur noch unfair und auf isoliertem Posten kämpfen. Dann brauchen Sie im Prinzip nur noch zu warten, bis das Auditorium den Rest regelt. Bleibt das Auditorium zurückhaltend, müssen Sie zum Äußersten greifen – evtl. drohen Sie mit einem Rausschmiss.

Isolieren

Entfernen Sie Herrn Kluge. Vielleicht bitten Sie ihn höflich, aber so bestimmt wie möglich, vorzeitig in die Kaffeepause zu gehen. Bieten Sie ihm ein Einzelgespräch in der Pause oder nach der Veranstaltung an, indem Sie ihm für Fragen zu den Inhalten gern zur Verfügung stehen. Das geschieht natürlich in der Praxis weniger, denn Sie gehen quasi auf volles Risiko. Was ist, wenn er Ihrer Bitte nicht nachkommt? Welche höheren Autoritäten als die Ihre können Sie hinzuziehen? Schicken Sie zunächst das Publikum in die Schlacht. Betonen Sie, dass Sie aus Verantwortung für die zahlreichen Interessierten so nicht fortfahren können. Fragen Sie das Publikum, was es vorschlägt. Erhalten Sie dann die Antwort, dass Sie mit Herrn Kluge milde umgehen sollen, können Sie „vernünftig reagieren“ und dem Wunsch der Zuhörer folgen. Sollte es Ihnen nicht gelingen, die Zuhörer vorzuschicken, sind Sie wieder gefordert. Beharren Sie ein weiteres Mal. Warten Sie aber nicht zu lange. Im Raum entsteht jetzt eine sehr ungesunde Spannung. Entziehen Sie sich dieser unwürdigen Situation und schließen Sie entweder Frieden mit Herrn Kluge oder brechen Sie ab. Argumentieren Sie für die Zuhörer und betonen Sie, dass es sicher im Sinne aller ist, mit dem Thema fortzufahren. Auch ein Herr Kluge wird merken, dass er sich sehr weit aus dem Fenster gelehnt hat und keiner von Ihnen beiden letztlich irgendetwas gewonnen hat. Den Abbruch wählen Sie bitte nur ganz, ganz zum Schluss, wenn Sie beispielsweise einen Verbleib nicht mehr rechtfertigen können. Ist es hingegen so, dass „lediglich“ die Emotionen der Anwesenden in Aufruhr geraten sind, empfiehlt sich eine kurze Verschnaufpause, in der sich die Gemüter abkühlen können. Unterbrechen Sie für eine Viertelstunde.

Die rettende Pause

Und mit diesem Rat möchten wir die Eskalation beenden: Eine Pause kann immer deeskalierend wirken. Warum also nicht schon auf der Stufe des Ironisierens für etwas Abkühlung sorgen?

Wenn der rote Faden reißt

Eine Eskalation oder eine ungewöhnliche Anspannung können dazu führen, dass Ihnen der rote Faden reißt. Wir haben bereits erörtert, dass dies eigentlich nur dann passiert, wenn Sie sehr kurzfristig extrem viel Information aufgenommen haben und der Inhalt in Ihrem Gehirn noch nicht hinreichend mobil ist. Der rote Faden kann aber auch dann reißen, wenn man unter Beschuss steht. Dann fehlen Ihnen die Worte, um Ihren Gedankengang eloquent fortzusetzen. Geschieht dies im Zusammenhang mit einer Eskalation, können Sie problemlos ins Auditorium fragen: „Wo waren wir stehen geblieben?“ Nach der aufreibenden Beschäftigung mit Herrn Kluge ist es aus Zuhörersicht absolut verständlich, wenn Sie einen neuen Anlauf unternehmen.

Und zu guter Letzt: Vielen Zuhörern dürfte es nicht auffallen, wenn Sie einfach zum nächsten Thema übergehen. Das, was es eventuell noch zu sagen gäbe, kennen ja nur Sie selbst. Sie können dann überleiten mit der Frage: „Welche Fragen sind bis hierher offen?“ Kommt keine Antwort, können Sie davon ausgehen, dass alles verstanden ist und Sie das Thema wechseln können.

Die häufigsten Störer und wie man sie zum Schweigen bringt

Wer auf einen störenden Zuhörer richtig reagieren will, muss wissen, warum er stört. Welche Bedürfnisse hat er? Welche Motive treiben ihn an? Will er sich wichtig machen? Möchte er Zuwendung? Brennt in ihm fachlicher Ehrgeiz? Von den vielen Motiven, die gleichzeitig wirksam sein können, seien hier nur die ausgewählt, die uns im arbeitsalltäglichen Kontext häufig begegnen:

- Materielle Aspekte/Status (z. B. Gewinnstreben und Scheu vor Kosten)
- Sicherheit (z. B. Vertrauen in die Berechenbarkeit, Bequemlichkeit)
- Beziehung (z. B. Beliebtheit, Harmoniesucht)
- Anerkennung (z. B. Lob, Scheu vor Gesichtsverlust)
- Werkstolz (z. B. Stolz auf eigenes Arbeitsergebnis)
- Lernen (z. B. Wissensdurst und Neugier)
- Macht und Einfluss (z. B. auf Kollegen, Präsentatoren oder Mitarbeiter)
- Selbstverwirklichung (z. B. in einer Sache aufgehen)

Trainieren Sie Ihre Menschenkenntnis! Fragen Sie sich so oft wie möglich, *warum* jemand etwas tut! Gleichen Sie Ihre Hypothesen immer wieder mit der Liste gängiger Bedürfnisse ab und ziehen Sie in der Situation Ihre Schlüsse aus dem Verhalten des Störers.

Wenn Sie davon ausgehen, dass ein Störer nach Achtung und Wertschätzung strebt, liegen Sie mit Sicherheit richtig. Das trifft natürlich auf nahezu alle Menschen zu und ist ein zutiefst natürliches Bedürfnis. Antworten Sie also zunächst immer wertschätzend, gehen Sie auf den

Störer ein, heben Sie die Bedeutung seines Beitrags hervor. Zumindest wenn es dessen Qualität zulässt.

Das 4-Typen-Modell

Wir haben ein 4-Typen-Modell entwickelt, das in der Praxis gewachsen ist und Ihnen mittels eines Rasters ermöglicht, Ihre Zuhörer einzuschätzen und adäquat mit ihnen umzugehen. Uns ist bewusst, dass es sich hierbei um ein grobes Raster handelt und es wohl kaum einen Typen in Reinkultur geben wird. Dennoch dürfte Ihnen das Modell die Zusammenarbeit mit den Teilnehmern Ihrer Präsentation erleichtern.

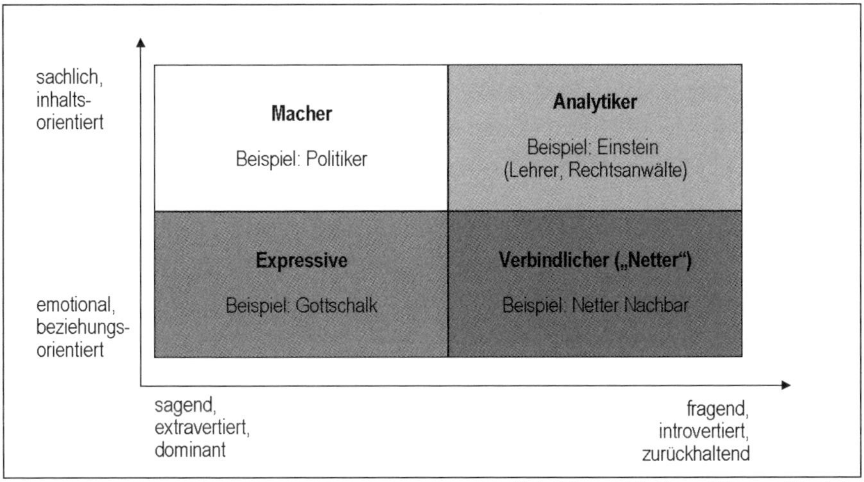

Abbildung 11: Das 4-Typen-Modell

Die Macher

Die Macher („Driver") werden in ihrer Beziehung zu anderen als sachbezogen, ergebnisorientiert, initiativ und manchmal aggressiv beschrieben. Sie lieben herausfordernde neue Ideen, reagieren rasch auf Veränderungen und zögern nicht, die Äußerungen und Handlungsweisen anderer zu korrigieren, zu verbessern, zu modifizieren oder ihnen zu widersprechen. Die Macher werden als geradlinig angesehen, handeln zügig, sind voller Energie. Sie erreichen ihre Ziele am besten, wenn ihnen Verantwortung übertragen wird und sie die Dinge steuern können.

Besonders gerne entwerfen die Macher Pläne, mit deren Ausführungen in der Folge andere Personen beschäftigt sind. Bei der Realisierung ihrer Pläne nehmen sie Risiken in Kauf. Ihre Eigenschaften im Überblick:

- Dominierend, energisch, willensstark.
- Nicht bereit, Gefühle oder Emotionen zu zeigen.
- Lieben den Neubeginn, motivieren sich selbst und haben die Dinge im Griff.
- Arbeiten effizient, hart und ergebnisorientiert.
- Sind im Umgang mit anderen direkt und sachlich.
- Lieben es, sich mit anderen zu messen; wollen besser sein.

Die Expressiven

Die Expressiven („Expressives") gelten als aggressiv, emotional und mitreißend. Sie fühlen sich durchaus wohl, wenn andere die Initiative ergreifen. Bevor sie mit der anstehenden Arbeit beginnen, nehmen sie sich erst einmal Zeit für Konversation. Bei Entscheidungen stützen sie sich auf ihre Gefühle. Sie sind leicht erregbar und bereit, andere an ihren Träumen und Einsichten zu beteiligen. Ihre Eigenschaften im Überblick:

- Begeisterungsfähig, gesprächig, immer zu Scherzen aufgelegt.
- Ganz auf andere ausgerichtet; lieben Publikum und sehen Applaus und Anerkennung als wichtige Belohnung für ihre Leistungen.
- Ergebnisorientiert, risikofreudig, konkurrierend und energisch.
- Zukunftsorientiert, mitreißend und sehr kreativ.

Die Verbindlichen

Die Verbindlichen werden als ruhig, bescheiden und hilfsbereit angesehen. Sie gelten als warmherzige und freundliche Zuhörer, mit denen man leicht auskommt, die persönlichen Kontakt und geteilte Verantwortung lieben. Die Verbindlichen erreichen dann ihre Ziele am besten, wenn sie tragfähige, persönliche Beziehungen aufbauen konnten. Risiken oder schnellen Entscheidungen gehen sie aus dem Wege (außer sie haben präzise Daten oder tatkräftige Helfer im Hintergrund). Beim Aufbau von Beziehungen spielt Zeit keine Rolle, sie gelten als äußerst kooperative Arbeitskollegen oder Verhandlungspartner. Ihre Eigenschaften im Überblick:

- Sie akzeptieren andere und haben den festen Willen, mit ihnen auszukommen.
- Ruhig, bescheiden, hilfsbereit.
- Neigen dazu, zwischenmenschliche Konflikte – wann immer es geht – zu vermeiden.
- Knüpfen schnell Kontakt.

Die Analytiker

Die Analytiker sind zurückhaltend und lassen sich von Logik leiten. Sie lieben festgelegte Vorgehensweisen, wägen alle Alternativen sorgfältig und lange ab und arbeiten sehr zielstrebig. Es handelt sich um disziplinierte Menschen, die anderen gerne die Initiative überlassen und unabhängig bleiben wollen. Die Analytiker erreichen ihre Ziele am besten, wenn es keine Risiken gibt und für einen reibungslosen Ablauf ihrer Projekte genügend Daten vorhanden sind. Sie sehen die Details, nicht das große Ganze. Ihre Eigenschaften im Überblick:

- Technisch orientiert, suchen Strukturen, Sicherheit und Evidenz, bevor Entscheidungen getroffen werden.
- Ruhig, nicht anmaßend, zeigen wenig Emotionen im Umgang mit anderen.
- Bleiben so lange reserviert, bis eine starke persönliche Beziehung aufgebaut wurde.
- Sind interessiert am Aufdecken und Lösen von Problemen.

Umgang mit dem Macher-Typ

Was Sie tun sollten

- Fassen Sie sich kurz und knapp, kommen Sie zur Sache.
- Halten Sie sich an das Geschäftliche.
- Stellen Sie Forderungen und erklären Sie Ihre Ziele systematisch.
- Zeigen Sie logische Zusammenhänge auf und planen Sie Ihre Präsentationen genau.
- Stellen Sie offene Fragen.

- Führen Sie Zahlen über die Wahrscheinlichkeit des Erfolges an.
- Bleiben Sie bei Meinungsverschiedenheiten stets bei den Fakten und werden Sie nicht persönlich.

Was Sie lassen sollten

- Lenken Sie nicht vom Geschäftlichen ab – vergeuden Sie nicht die Zeit der Macher.
- Versuchen Sie nicht, persönliche Beziehungen aufzubauen.
- Seien Sie organisiert und systematisch.
- Lassen Sie keine Punkte offen oder ungeklärt.
- Bieten Sie keine Garantien, wenn Sie diese nicht erfüllen können.
- Versuchen Sie nicht, durch Ihre Persönlichkeit zu überzeugen.
- Versuchen Sie nicht zu führen oder Anordnungen zu geben.

Der Macher als zielstrebiger Typ dürfte Ihnen in der einen oder anderen Präsentation durchaus Kopfzerbrechen bereiten. Es ist nahe liegend, dass er Sie antreibt, wenn Sie zu viel Zeit mit Störern vergeuden. Und wenn ihm etwas an Ihrer Präsentation nicht passt, dürfte er der erste sein, der es Ihnen sagt. Dafür meint er fast nie Sie als Person, Sie interessieren ihn eher wenig. D. h., sobald Sie ihm Ihr Vorgehen erklärt oder seine Anmerkung berücksichtigt haben, bleibt kein bitterer Nachgeschmack. Wenn Sie einmal einen Herrn Kluge im Auditorium haben, geben Sie den Fall an einen Macher ab!

Umgang mit dem expressiven Typ

Was Sie tun sollten

- Unterstützen Sie die Träume der Expressiven.
- Nehmen Sie sich Zeit für Gespräche und Geselligkeit.
- Sprechen Sie über andere Menschen und deren Ziele.
- Steuern Sie Ideen für die Durchführung von Aktionen bei.
- Zitieren Sie Aussagen von Personen, die von Expressiven bewundert werden.

Was Sie lassen sollten

- Machen Sie keine Vorschriften.
- Seien Sie nicht kurz angebunden.
- Quälen Sie Expressive nicht mit Fakten und Abstraktionen.
- Lassen Sie Entscheidungen nicht in der Luft hängen.
- Behandeln Sie Expressive nicht von oben herab.
- Seien Sie nicht unpersönlich.

Der Expressive kann zwar lästig sein, weil er viel und gern plaudert, ist aber leicht zu steuern. Das hängt damit zusammen, dass er einen unstillbaren Drang nach Anerkennung und Wertschätzung verspürt. Er stellt einiges an, um im Mittelpunkt zu stehen. Aber diesen halten ja gerade Sie als Präsentator besetzt. Also muss der Expressive dazwischen rufen, Witze machen oder anders zur Geltung kommen. Manchmal nimmt er vor oder nach der Präsentation Kontakt zu Ihnen auf, um sich im Glanz Ihrer Autorität zu sonnen. Der Expressive ist beziehungsstark, binden Sie ihn also ein.

Umgang mit dem verbindlichen Typ

Was Sie tun sollten

- Beginnen Sie das Gespräch mit ein paar persönlichen Worten.
- Versuchen Sie, gemeinsame Interessen zu finden und seien Sie dabei aufrichtig und offen.
- Hören Sie gut zu und arbeiten Sie gemeinsam an der Zielerreichung.
- Stellen Sie viele offene Fragen.
- Werden Sie bei Meinungsverschiedenheiten niemals verletzend.
- Verhalten Sie sich zwanglos und informell.
- Zeigen Sie klare spezifische Lösungen, geben Sie Sicherheiten.

Was Sie lassen sollten

- Verlieren Sie Ihr Ziel nicht aus den Augen, indem Sie zu persönlich werden.
- Verhalten Sie sich nicht dominant und drohen Sie nicht mit Ihrer Macht und Position.

- Bringen Sie Ihre Anliegen nicht abrupt und hastig vor.
- Versprechen Sie nichts, was Sie nicht halten können, seien Sie verbindlich.
- Sagen Sie Ihre Unterstützung bei der Realisierung gemeinsamer Vorhaben zu.
- Diskutieren Sie nicht über Fakten/Zahlen.
- Vermeiden Sie Spitzfindigkeiten.

Der Verbindliche wird Sie innerhalb Ihrer Präsentation kaum stören. Den offenen Konflikt scheut er. Meistens werden Sie sehr verbindliche, „nette" Personen zunächst gar nicht bewusst wahrnehmen. Sie sind nicht laut, fragen höchstens, stören aber nicht. Doch hüten Sie sich davor, sie zu unterschätzen. Ein Verbindlicher kann genauso unzufrieden oder eklig sein wie andere Typen. Er zeigt es Ihnen nur sehr spät. Also achten Sie darauf, dass Sie dem Verbindlichen durch Blickkontakt und offene Fragen Möglichkeiten eröffnen, aktiv zu werden.

Umgang mit dem analytischen Typ

Was Sie tun sollten

- Bereiten Sie Ihr Anliegen gründlich vor (schrittweiser Arbeitsplan).
- Bauen Sie Glaubwürdigkeit auf, indem Sie Pro und Kontra zu Ihren Vorschlägen auflisten.
- Nehmen Sie sich Zeit, bleiben Sie aber immer zielstrebig.
- Wenn Sie einmal zustimmen, bleiben Sie dabei.
- Seien Sie realistisch und peinlich genau in Ihren Handlungen.
- Führen Sie solide, praktische Beweise an.
- Halten Sie Risiken so klein wie möglich.

Was Sie lassen sollten

- Vermeiden Sie Nachlässigkeit, mangelnde Organisation und Informalität.
- Überstürzen Sie nicht den Entscheidungsprozess.
- Schaffen Sie nicht spezielle persönliche Anreize.
- Unterlassen Sie Schmeicheleien und Drohungen.
- Verwenden Sie nicht Aussagen zweifelhafter Quellen. Versuchen Sie nicht, Analytiker zu manipulieren.

Der Analytiker ist, ähnlich wie der Macher, mitunter kein angenehmer Zuhörer. Das liegt an seinem inhaltlichen Fokus und seiner Genauigkeit. Der Verbindliche oder der Expressive lassen Ihnen kleinere Ungenauigkeiten durchgehen, der Analytiker nicht. Für emotional orientierte Personen ist die Beziehungsebene zu wichtig, als dass man sie wegen einer Kleinigkeit belasten sollte. Für den Analytiker wiederum ist die Beziehungsebene sekundär. Seien Sie also nicht gekränkt, wenn er Kritik übt: Er meint nicht Sie als Person. Aber Vorsicht: Der Analytiker hat wenig Verständnis für Ungenauigkeiten und Gefühlsduselei. Verhalten Sie sich vorwiegend so, wird der Analytiker Sie auch bald als Person ablehnen. Er ist häufig von einem strukturierten Weltbild geleitet und es fehlt ihm die Flexibilität, die man braucht, um sich gut auf Menschen einstellen zu können.

Wie Sie eine Präsentation garantiert zum Scheitern bringen

Liebe Leserinnen, liebe Leser, langsam sind wir am Ende unseres Buches angelangt. Sie haben viel gelernt. Jetzt müssen Sie Ihre eigenen Erfahrungen sammeln. Ganz ins kalte Wasser werfen wollen wir Sie allerdings nicht. Da wir Sie vor Pleiten, Pech und Pannen bewahren möchten, haben wir für Sie die häufigsten „Präsentationskiller" an den Schluss dieses Ratgebers gestellt.

Die 10 häufigsten Präsentationskiller

1. Entschuldigen Sie sich zu Beginn!
2. Ignorieren Sie Ihr Publikum!
3. Reden Sie so schnell wie möglich!
4. Bleiben Sie locker!
5. Erschlagen Sie Ihr Publikum mit Folien!
6. Verlassen Sie sich auf die Technik!
7. Reden Sie solange Sie wollen!
8. Improvisieren Sie Ihren Schluss!
9. Beschäftigen Sie sich ruhig mit Ihrer Angst!
10. Machen Sie ja keine Fehler!

Entschuldigen Sie sich zu Beginn!

Ihr Chef bittet Sie am Vorabend seines Vortrags, für ihn einzuspringen. „Sie machen das schon!" hallt noch in Ihren Ohren. „Der ausformulierte Vortrag liegt auf meinem Tisch." Sie fühlen sich ins kalte Wasser geworfen, sind nicht im Thema, befürchten schwierige Fragen, sehen Ihr bisher mühsam aufgebautes Image im Unternehmen gefährdet. Es ist ja schmeichelhaft, dass Ihr Chef Ihnen diese Aufgabe zutraut, aber wohl ist Ihnen nicht bei der Sache. Vor allem die Kurzfristigkeit liegt Ihnen im Magen. Daher starten Sie gleich mal in den Vortrag mit „Eigentlich sollte heute Herr Schönherr reden. Da dieser leider verhindert ist, versuche ich es jetzt mal!“

Sie wird immer wieder gerne verwendet: die Entschuldigung als Einstieg. Vergessen Sie nicht: Sie sind für die Zeit der Präsentation der Chef! Sie bestimmen die Atmosphäre! Auf das Publikum wirken Reden wenig überzeugend, die mit einer Entschuldigung beginnen. Denken Sie immer daran: Selbst sehr wohlgesinnte Zuhörer werden durch diesen Einstieg von Ihnen ausdrücklich dazu ermuntert, nach Schwächen im Vortrag zu suchen! Vielleicht ertappen Sie sich ja das nächste Mal dabei und können es noch abwenden. Wie wäre es, wenn Sie sich jegliche Entschuldigung einfach verkneifen? Wem würde es auffallen? Sollte Ihre Präsentation aus unerfindlichen Gründen tatsächlich nur mäßig sein, dann bekommen das die Zuhörer (vielleicht!) auch mit, ohne dass Sie das eingangs bereits angekündigt haben.

Ignorieren Sie Ihr Publikum!

Sie haben sich fest vorgenommen, diesmal angemessenen Blickkontakt zu Ihrem Publikum zu halten. Leider waren Sie – selbstverständlich ohne eigenes Verschulden – zu spät dran mit Ihren Vorbereitungen und kleben sehr an Ihren Aufzeichnungen. Hier und dort bemerken Sie, wie Ihre Zuhörer einnicken oder durch Sie hindurchschauen wie durch eine Glaswand. Sie sind nicht wirklich bei der Sache. Zunehmend verunsichert werden Sie hektischer und versuchen einzelne Zuhörer zu fixieren. Diese fühlen sich beobachtet und weichen Ihrem bohrenden Blick aus. Was für ein Tag. Sie fragen sich, ob es an Ihren langweiligen Inhalten liegt oder an Ihnen als Person? Ein Gefühl von Überforderung und Unbehagen lässt sich bei Ihnen nicht mehr unterdrücken. Hoffentlich nimmt der Vortrag ein schnelles Ende.

Wir haben im entsprechenden Kapitel schon viel über den so genannten angemessenen Blickkontakt gehört. Trotzdem ist einer der häufigsten Fehler: kein oder zu wenig Blickkontakt. Wenn Sie nicht von Anfang an Augenkontakt mit Ihrem Publikum herstellen, besteht nicht die geringste Chance, dass Ihre Botschaft ankommt.

Die Ursachen sind vielfältig: Unsicherheit, Aufregung oder Angst sind besonders häufig. Ein weiterer Grund für fehlenden Blickkontakt ist eine schlechte Vorbereitung. Wer die Inhalte nicht genügend präsent hat, ist ständig zum Ablesen gezwungen. Und ein abgelesener Vortrag wirkt leider oft mechanisch und uninteressant. Wenn Ihre Augen sowieso ständig auf das Papier schauen, haben die Zuhörer keine Gewissensbisse, sich währenddessen interessanteren Dingen zu widmen.

Drittens ist es oft so, dass der Präsentator zu sehr mit seiner Visualisierung beschäftigt ist. Er redet mit der Präsentationswand und merkt nicht, wenn sein Publikum sich langweilt oder ungläubig den Kopf schüttelt. Bleiben Sie dem Publikum stets zugewandt. Werden Sie sattelfest im Umgang mit Hilfsmitteln, damit Sie nicht Ihre gesamte Aufmerksamkeit beanspruchen. Der Vortrag soll sich an das Publikum richten.

Vergessen Sie nie: In dem Moment, in dem Sie präsentieren, sind Sie der Verantwortliche, die Autorität, die allen Zuhörern Aufmerksamkeit schenken sollte. Sie müssen Menschen begeistern, bei Laune halten, Ihnen etwas vermitteln. Und dies läuft zuallererst über die Augen. Sich dem Publikum zu öffnen ist nur möglich, wenn Sie den Inhalt und das Ziel Ihrer Präsentation derart verinnerlicht haben, dass Sie sich davon lösen können und somit offen und empfänglich sind für den Moment des Präsentierens und vor allem für Ihr Auditorium.

Reden Sie so schnell wie möglich!

Wie oft ist es schon passiert, dass Ihre Vorredner nicht zum Punkt kamen und Sie daraufhin versuchten, den Zeitplan mit den Worten zu retten: „Ich werde in der noch verbleibenden kurzen Zeit versuchen, mich auf das Wesentliche zu konzentrieren, um Ihre Pause und Ihre Geduld nicht unnötig zu strapazieren.“ Das Problem ist nur: Eine abgerundete Präsentation verträgt keine drastischen Kürzungen. In der Anspannung der Situation gelingt es nicht, einzelne Elemente auszulassen. Zumindest unbewusst ist Ihnen das völlig klar. Folglich reden Sie schnell. Im Publikum wird es unruhig, irgendwie können die Zuhörer dem Inhalt wohl nicht mehr folgen, leichte Verärgerung ist zu spüren. Was läuft wohl falsch?

Das schnelle Sprechen ist wohl das Problem der meisten Referenten. Wenn Sie zu schnell reden, ist es für Ihr Publikum schwer, Ihren Gedanken zu folgen und aufmerksam zu bleiben. Die Folge: Die Zuhörer sind überfordert, möglicherweise auch verärgert und frustriert.

Bleiben Sie locker!

Der Redner betritt den Raum, der letzte Kaugummi beansprucht noch seine Gesichtsmuskulatur, die Hände stecken leger in den Hosentaschen, er setzt sich halb aufs Pult, der Blick gleitet bei der Begrüßung aus dem Fenster. Das Publikum fühlt sich nicht wirklich ernst genommen während dieses Vortrags, man spürt leichte Abneigung gegenüber dem Referenten.

Denken Sie an Ihre Körpersprache: Gerade hier fällt man zu leicht in alte Muster. Achten Sie speziell auf Ihre Hände: Zu schnell verschwinden sie in den Hosentaschen. Auch ohne Hände in den Hosentaschen können Sie locker wirken. Achten Sie auch auf Ihre Mimik. Salopp gesprochen: Mit dem Gesichtsausdruck eines Eisbären und dem Temperament einer Wanderdüne können Sie keinen Blumentopf gewinnen. Erst neulich hatten wir in einem Training das Phänomen: Überspielen der eigenen Unsicherheit durch betonte Lässigkeit. Wem gefällt es schon, wenn die implizite Botschaft gesendet wird: „Leute, was ich euch heute erzähle, lässt mich kalt!" Im beschriebenen Fall hat sich der Redner vermutlich gedacht: „Je abgeklärter ich mich verhalte, desto weniger wird man merken, dass ich sehr nervös bin." Merken Sie sich: Zu viel Lockerheit führt nicht unbedingt zum Ziel. Das viel zitierte Mindestmaß an Anspannung schafft Konzentration und signalisiert dem Publikum, dass es ernst genommen wird. Sympathiepunkte erhalten die Referenten, deren leichte Anspannung davon zeugt, dass sie bei der Sache sind und eine wichtige Botschaft haben.

Erschlagen Sie Ihr Publikum mit Folien!

Kennen Sie die Redner, die ihr Publikum mit unzähligen dicht beschriebenen Folien (natürlich Fließtext Times New Roman, Schriftgröße zwölf) bombardieren? Spätestens nach fünf Minuten ist niemand mehr in der Lage, Informationen aufzunehmen.

Vergessen Sie nicht: Wenn Sie all das, was Sie zu sagen haben, unbedingt in ein Chart pressen wollen, lesen Sie es bitte nicht vor. Ansonsten gilt – und das ist sehr streng auszulegen: Auf Folien gehören Stichpunkte, ganze Sätze müssen die Ausnahme bleiben. Charts sollen das Gesagte unterstreichen, ergänzen. Nicht mehr, aber auch nicht weniger. Sich kurz zu fassen stellt immer wieder eine Herausforderung dar. Grundsätzlich gilt hier die Regel: „Weniger ist mehr".

Verlassen Sie sich auf die Technik!

Horrorszenario: Der Techniker hat Ihnen versichert, dass der Beamer und der Overheadprojektor bereitstehen und beides vorher getestet wurde. Sie verlassen sich natürlich darauf, denn alles kann man nun auch nicht überprüfen. Also starten Sie zuversichtlich. Merkwürdig, irgendwie stimmt etwas nicht mit der Verbindung zwischen Laptop und Beamer, das verdammte Ding will das Signal nicht empfangen. Sie waren natürlich klug, haben vorgesorgt und Ihre mühevoll zusammengestellte Präsentation auf Folien gedruckt.

Aber wie es das Schicksal will, ist der Overheadprojektor ein besonders altes Modell und Sie kriegen ihn einfach nicht in Gang. Verzweifelt wedeln Sie mit Ihren Folien herum und blicken dabei hoffnungsvoll ins Publikum: „Kennt sich hier zufällig jemand mit dem Overheadprojektor aus?" Aber natürlich, es gibt bestimmt irgendeine mitleidige Seele, die Ihnen aus der Patsche hilft. Aber haben Sie es verdient?

Es kommt noch dicker: Auch das Videogerät konnten Sie vorher nicht mehr testen und ein so geübter Videogucker sind Sie nun auch nicht, dass Sie jeden Rekorder spielend zum Laufen kriegen. In der Pause vorher vergessen Sie leider vor lauter netten Kontakten, das Video zu überprüfen und müssen so auch nun hier das Publikum um Hilfe bitten.

Denken Sie daran: Technik hat ihre eigenen Gesetze! Sichern Sie sich ab, soweit es möglich ist, denn nur eine dieser Pannen genügt, um Sie aus dem Konzept zu bringen und Ihre professionelle Wirkung zu schmälern. Und: technology smells fear. Besonders im Zeitalter von Beamerpräsentationen ist dies eine große Gefahrenquelle.

Reden Sie solange Sie wollen!

Es gibt Präsentatoren, die es für ihr Recht halten, die Redezeit zu überziehen oder es einfach schick finden, sich nicht daran zu halten. Schließlich sind die anderen Vorträge nicht so wichtig wie der eigene! Aber: Es gibt wenig Redner, die nach einer überzogenen Redezeit noch ein begeistertes Publikum haben. Typisch sind Versprechungen, zum Schluss zu kommen und dann folgen weitschweifige Ausführungen, natürlich immer wieder von dem Versprechen unterbrochen, gleich am Ende zu sein. Seien Sie sicher, dass Sie mit keinem Ihrer Sätze bei Ihren Zuhörern noch ankommen. Ihr Publikum schaltet ab oder verlässt den Raum, die Botschaft geht verloren. Schade, verschenkte Energie und Zeit. Das gilt natürlich umso mehr, wenn Sie Ihre Präsentation mit dem Versprechen begonnen haben, kurz und knapp in der verbleibenden Zeit Stellung zu nehmen. Die Geduld der Zuhörer wird durch ein solches Verhalten extrem strapaziert. Organisieren Sie sich so, dass Sie Ihren Zeitplan einhalten. Verspielen Sie nicht die Gunst der Zuhörer!

Improvisieren Sie Ihren Schluss!

Der Referent hat einen klasse Vortrag gehalten. Der Einstieg war mitreißend, die Botschaft im Hauptteil überzeugend, die Medien bewusst ausgewählt und unterstützend eingesetzt. Die Zuhörer sind begeistert. Leider endet das ganze abrupt mit den Worten „Ja, das war's dann eigentlich!" Wahrscheinlich ist Ihnen der Satz „ Ja, das war's dann" genauso vertraut wie den Autoren des Buches. Hier noch mal die Botschaft: Vermasseln Sie sich nicht mit einem abrupten Ende eine bis dahin perfekte Präsentation!

Beschäftigen Sie sich mit Ihrer Angst!

Habe ich die Inhalte ausreichend verstanden? Habe ich mich intensiv genug beschäftigt mit dem Thema? Habe ich alles gut aufbereitet? Wird das Publikum auf meiner Seite sein? Werden die Zuhörer mich mögen? Werde ich meine Nervosität im Griff haben? Werde ich überzeugen können? ...

Diese bedrohlichen Fragen sind ständige Begleiter – ein Leben lang. Gut, dass wir kognitive Wesen sind und um die Macht von „Selffullfilling Prophecys“ wissen. Damit wird in der Psychologie die Tatsache beschrieben, dass gefürchtete Ereignisse eher eintreten, weil es geradezu erwartet wird. Nutzen Sie Ihre Stärke. Beeinflussen Sie sich selbst kognitiv! Sie haben mehr Macht über Ihre Gedanken, als Sie sich vorstellen können. Stellen Sie sich Ihrer Angst und vertrauen Sie Ihrer guten Vorbereitung! Es liegt in Ihrer Hand, ob Sie sich mit Erfolg oder Misserfolg beschäftigen wollen. Lesen Sie noch einmal das Kapitel, in dem es um den richtigen Umgang mit Nervosität und Lampenfieber geht. Die beschriebenen Methoden und Hilfen führen nur dann zu guten Ergebnissen, wenn Sie nachhaltig und diszipliniert „dran bleiben“!

Machen Sie ja keine Fehler!

Sie sind hervorragend vorbereitet, haben wirklich an alles gedacht, Probeläufe vor Freunden durchgeführt und merken zum Ende Ihrer Präsentation, dass Sie Ihren Zeitplan nicht einhalten können und zu einigen wichtigen Punkten nicht mehr kommen werden. Sie sind fürchterlich genervt und enttäuscht, wie Ihnen als Meister des Timings so etwas passieren kann. In diesem Moment ärgern Sie sich über sich selbst, das Publikum wird unruhig, weil es Ihre Verärgerung spürt.

Nobody is perfect! Etwas geht immer schief, seien Sie sich selbst gegenüber tolerant! Fast immer können Sie Ihre Präsentation auf die eine oder andere Weise problemlos weiterführen. Denken Sie in so einem

Fall kurz nach, ob überhaupt etwas zu tun ist und was zu tun ist, und machen Sie dann ruhig weiter, ohne sich weiter mit dem Patzer zu beschäftigen.

Fazit

Unser Ziel ist erreicht, wenn wir Sie auf Ihre Stärken und Schwächen als Präsentator aufmerksam gemacht haben und Sie nun eigenständig ansetzen können, das weiterzuentwickeln, was Sie weiterentwickeln möchten.

Auf einmal alle in diesem Ratgeber gelesenen Tipps und Tricks umzusetzen und zu beherzigen, ist schwierig. Und kontraproduktiv obendrein. Sie kennen sicherlich das Phänomen, das sich nach Seminarbesuchen und bei so vielen guten Vorsätzen nur allzu oft beobachten lässt: Man nimmt sich vieles vor, sieht alsbald, dass sich kaum alles realisieren lässt, wird ungeduldig, ist dann frustriert, wirft letztlich alles über Bord und macht so weiter wie vorher. Das wäre sehr schade! Viel Erfolg versprechender ist es, wenn Sie sich kleine Ziele setzen, diese aber konsequent verfolgen. Bitten Sie Partner, Bekannte oder Kollegen, Ihnen bezüglich dieser kleinen Schritte Feedback zu geben. So feiern Sie schnelle Erfolgserlebnisse und bleiben motiviert.

Erfolgsformel

Wissen + Übung + Situation + Person = Erfolg

Was macht eine gute Präsentation und damit Ihren Erfolg aus? Die Antwort: Solides Handwerk, das Wissen um die häufigsten Fehler, viel Übung, Flexibilität sowie Ihre ganz eigene Persönlichkeit. Behalten Sie im Gedächtnis: Sie mit Ihrem ganz persönlichen Stil sind es, die „das Eis des Eisbergs zum Schmelzen bringen“ und Ihr Publikum damit sowohl auf der Sach- wie der Beziehungsebene überzeugen werden! Dabei wünschen wir Ihnen viel Spaß und Erfolg!

Carola Müller ist überglücklich, nun mit einer wirklich professionellen Präsentation geglänzt zu haben. Sie konnte im zweiten Anlauf von ihrer Idee überzeugen und sich gegenüber Uwe Hofer durchsetzen. Anscheinend gehört wirklich sehr viel mehr dazu, mit seinem Konzept zu überzeugen als selbst davon überzeugt zu sein.

Als ein junger Kollege in der Woche darauf seine neueste Entwicklung vor der gesamten Abteilung präsentiert und es ihm nach den ersten zehn Minuten immer noch nicht gelungen ist, herauszustellen, inwiefern sein Konzept innovativer und besser ist als alle anderen vorher, blickt sein Chef ungeduldig auf die Uhr. Carola Müller kann sich ein Schmunzeln nicht verkneifen. Wie entspannend, dass sie diesen Fehler nicht mehr machen muss und nun weiß, worauf es ankommt.

Literaturhinweise

Apel, H. J. (2002). Präsentieren – die gute Darstellung. Darstellen: vortragen – vormachen – vorführen – visualisieren. Schneider-Verlag, Baltmannsweiler.

Feuerbach, B. (1998). Professionell präsentieren mit und ohne Computer. Moderne Vortragstechnik für Manager, Wissenschaftler und Ingenieure. Sauer-Verlag, Heidelberg.

Fey, G. (2003). Reden macht Leute. Metropolitan Verlag & Praetoria Verlag, Regensburg.

Freimuth, J. (2002). Die Kunst des Präsentierens. Präsenz, Gestaltung, Interaktion. Nitor Moderationstechnik GmbH, Hamburg.

Hartmann, M. (2003). Präsentieren. Präsentationen: zielgerichtet und adressatenorientiert. Beltz Verlag, Weinheim.

Kellner, H. (2003). Projekte präsentieren. Hanser Verlag, München.

Kellner, H. (2000). Reden, Zeigen, Überzeugen. Hanser Verlag, München.

Krapp, A. u. Weidemann, B. (2001). Pädagogische Psychologie. 4. vollst. überarb. Auflage. Beltz-PVU, Weinheim.

Kulich, C. (1991). Erfolgreich präsentieren. expert-Verlag u. a., Böblingen.

Lay, R. (2003). Dialektik für Manager. Methoden des erfolgreichen Angriffs und der Abwehr. Econ Tb., München.

Nöllke, C. (2000). Präsentieren. STS Verlag, Planegg.

Ruhleder, R. H. (2002). Vortragen und Präsentieren. Schimmel Verlag, Würzburg.

Ruhleder, R. H. (2001). Rhetorik und Dialektik. Redegewandtheit, Körpersprache und Überzeugungskunst. Verlag für die Deutsche Wirtschaft, Bonn.

Scheler, U. (2000). Gekonnt präsentieren. Offenbach: Gabal Verlag, Offenbach.

Schildt, T. u. Kürsteiner, P. (2003). 100 Tipps und Tricks für Overhead- und Beamerpräsentationen. Beltz Verlag, Weinheim.

Schopenhauer, A. u. Volpi, F. (Hrsg.) (1995). Die Kunst, Recht zu behalten. In achtunddreißig Kunstgriffen dargestellt. Insel Verlag, Frankfurt.

Thiele, A. (2002). Die Kunst zu überzeugen. Faire und unfaire Dialektik. Springer Verlag, Berlin.

Thiele, A. (2000). Innovativ präsentieren. Zielführende Konzepte entwickeln, Multimedia sinnvoll einsetzen; Kernbotschaften verankern; durch Persönlichkeit überzeugen; mit „Stressfahrplan" und CD-ROM. FAZ-Institut für Management, Frankfurt am Main.

Stichwortverzeichnis

Anhang: Selbstcheck

Um diesen Selbstcheck durchführen zu können, nehmen Sie von sich selbst ein Video einer Präsentation auf. Es muss sich nicht um eine „Real-life-Präsentation" halten. Eine Sequenz von ca. 5 bis 8 Minuten, in der Sie zu einem Thema, in dem Sie sich sicher fühlen, präsentieren, reicht aus. Es ist besonders wichtig, dass Sie ein vertrautes Thema wählen, denn Sie sollen sich voll und ganz auf Ihr Präsentationsverhalten konzentrieren können und nicht auf den Inhalt. Vielleicht können Sie sogar ein Präsentationsmedium (Tafel, Overheadprojektor o. Ä.) verwenden.

Sehen Sie sich dieses Video gemeinsam mit einem oder mehreren ehrlichen und kritischen Feedback-Gebern an. Nehmen Sie sich einen Block und einen Stift zur Hand und schreiben Sie alles auf, was Ihnen positiv wie negativ auffällt. Erst im Anschluss daran arbeiten Sie mit der Checkliste. (Jeder erhält eine eigene Kopie.) Gehen Sie unabhängig voneinander alle Punkte im Stillen durch, und bewerten Sie das Präsentationsverhalten nach dem Schulnotenprinzip. Vergeben Sie für jeden Einzelaspekt eine Note, aber auch eine Gesamtnote für den Block. Diese Gesamtnote muss nicht der rechnerische Mittelwert sein, sondern soll Ihren Gesamteindruck widerspiegeln.

Erst wenn jeder die Checkliste vollständig ausgefüllt hat, legen Sie sie nebeneinander und vergleichen die Beurteilungen. Diskutieren Sie besonders die Punkte, in denen Sie uneins sind, bis Sie ein gemeinsames Bild Ihrer Stärken und Schwächen bilden können. Wenn es Ihnen schwer fällt, sich zu einigen, schauen Sie sich einzelne Sequenzen aus dem Video noch einmal gemeinsam an. Gerade für Sie als Präsentator ist es wichtig, anhand von konkreten Beispielen zu verstehen, wo Ihre Feedback-Geber Stärken und Schwächen sehen.

Wenn Sie sich ein gemeinsames Bild gemacht haben, setzen Sie die Stärken und Schwächen in eine Rangfolge. Sie finden am Ende der Checkliste eine Auflistung, in die Sie Ihre Stärken und Schwächen eintragen können. Notieren Sie die Schwächen in der Reihenfolge, in der Sie an ihnen arbeiten wollen. Nehmen Sie sich nicht zu viel auf einmal vor, sondern setzen Sie sich realistische Ziele. Wir wünschen Ihnen viel Erfolg dabei.

Körperhaltung

- Der Rücken ist gerade. Note: ____
- Die Schultern hängen locker herab Note: ____
- Das Kinn ist leicht zur Brust gebeugt Note: ____
- Die Körperhaltung strahlt Entspanntheit aus Note: ____
- Die Körperhaltung wirkt selbstbewusst Note: ____
- Ergänzungen ______________________________

  ____
- **Gesamturteil** **Note:** ____

Mimik

- Mimik ist vorhanden Note: ____
- Mimik ist lebendig und offen Note: ____
- Lächeln überwiegt Note: ____
- Mimik passt zum Gesagten Note: ____
- Ergänzungen ______________________________

  ____
- **Gesamturteil** **Note:** ____

Gestik

- Hände sind in Bewegung Note: ____
- Hände bewegen sich **vor** dem Körper Note: ____
- Gestik passt zum Gesagten Note: ____
- Gestik wirkt nicht übertrieben oder unkontrolliert Note: ____
- Ergänzungen ______________________________

  ____
- **Gesamturteil** **Note:** ____

Stand und Bewegung

- Stand ist sicher auf beiden Füßen Note: ____
- Abwechslung zwischen Ruhe und Bewegung Note: ____
- Bewegung im Raum wirkt sicher Note: ____
- Ergänzungen ______________________________

  ____
- **Gesamturteil** **Note:** ____

Blickkontakt

- Blick ist auf das Auditorium gerichtet Note: ____
- Blick ist beweglich, nicht starr Note: ____
- Das gesamte Auditorium ist im Blick Note: ____
- Dauer des Blickkontakts ist nicht unangenehm für den Zuhörer Note: ____
- Ergänzungen ____

  ____
- **Gesamturteil** **Note:** ____

Atmung

- Atmung ist ruhig und lautlos Note: ____
- Sätze werden ruhig und gleichmäßig gesprochen Note: ____
- Sprache ist deutlich und klar Note: ____
- Ergänzungen ____

  ____
- **Gesamturteil** **Note:** ____

Pausen

- Während der Arbeit am Medium wird nicht gesprochen
  Note: ____
- Wichtige Sinnabschnitte sind durch Pausen getrennt
  Note: ____
- Zuhörer kann sich anhand von Pausen gut orientieren und folgen
  Note: ____
- Pausen werden sinnvoll zum Atmen verwendet
  Note: ____
- Ergänzungen ____

  ____
- **Gesamturteil** **Note: ____**

Betonung

- Sprache klingt durch unterschiedliche Betonung lebendig
  Note: ____
- Betonung fördert das Verständnis des Zuhörers
  Note: ____
- Betonung setzt bei besonders wichtigen Aspekten Akzente
  Note: ____
- Ergänzungen ____

  ____
- **Gesamturteil** **Note: ____**

Stärken

-
-
-
-

Schwächen

-
-
-
-

Stärken

-
-
-
-

Schwächen

-
-
-
-